BEWÄHRTE TECHNIKEN DER MANIPULATION

Dunkle Psychologie in der Praxis. Wie gerissene Menschen immer das bekommen, was sie wollen

EMORY GREEN

© **Copyright 2020 - Alle Rechte vorbehalten.**

Der in diesem Buch enthaltene Inhalt darf ohne direkte schriftliche Genehmigung des Autors oder Herausgebers nicht reproduziert, vervielfältigt oder übertragen werden.

Unter keinen Umständen wird dem Verlag oder dem Autor die Schuld oder die rechtliche Verantwortung für Schäden, Wiedergutmachung oder finanziellen Verlust aufgrund der in diesem Buch enthaltenen Informationen direkt oder indirekt übertragen.

Rechtliche Hinweise:

Dieses Buch ist urheberrechtlich geschützt und nur für den persönlichen Gebrauch bestimmt. Ohne die Zustimmung des Autors oder Herausgebers können Sie keinen Teil oder Inhalt dieses Buches ändern, verbreiten, verkaufen, verwenden, zitieren oder umschreiben.

Haftungsausschluss:

Bitte beachten Sie, dass die in diesem Dokument enthaltenen Informationen nur zu Bildungs- und Unterhaltungszwecken dienen. Es wurden alle Anstrengungen unternommen, um genaue, aktuelle, zuverlässige und vollständige Informationen zu liefern. Es werden keine Garantien jeglicher Art erklärt oder impliziert.

Die Leser erkennen an, dass der Autor keine rechtlichen, finanziellen, medizinischen oder professionellen Ratschläge erteilt. Der Inhalt dieses Buches stammt aus verschiedenen Quellen. Wenden Sie sich an einen lizenzierten Fachmann, bevor Sie mit den in diesem Buch beschriebenen Techniken beginnen.

Durch das Lesen dieses Dokumentes stimmt der Leser zu, dass der Autor unter keinen Umständen für direkte oder indirekte Verluste verantwortlich ist, die durch die Verwendung der in diesem Dokument enthaltenen Informationen entstehen, einschließlich, aber nicht beschränkt auf Fehler, Auslassungen oder Ungenauigkeiten.

BONUSHEFT

Mit dem Kauf dieses Buches haben Sie ein kostenloses Bonusheft erworben.

In diesem Bonusheft „Hypnose Schnellstart-Anleitung" erhalten Sie eine Einführung in die Welt der Konversationshypnose. Mit diesen Techniken können Sie andere Menschen während eines normalen Alltagsgespräches unbemerkt hypnotisieren.

Alle Informationen darüber, wie Sie sich schnell dieses Gratis-Bonusheft sichern können, finden Sie am <u>Ende dieses Buches</u>.

Beachten Sie, dass dieses Heft nur für eine begrenzte Zeit kostenlos zum Download zur Verfügung steht.

INHALTSVERZEICHNIS

Einführung 1

Kapitel 1: Die Grauzone – Manipulative Dynamik 7
    Die Ausgangslage: Was ist psychologische Manipulation? 7
    Die Kunst der Manipulation in der heutigen Welt 8
    Wie Fallen gestellt werden 12
    Einige philosophische Perspektiven 14

Kapitel 2: Willkommen auf der dunklen Seite 21
    Die Reise beginnt: Was ist dunkle Psychologie? 21
    Gut und Böse – Die Offenbarung des Übelsten der
    menschlichen Natur 25

Kapitel 3: Dunkle Persönlichkeitstypen, die wir liebend
gerne hassen 31
    Die Reise zum dunklen Mittelpunkt 31
    Sechs dunkle Züge, die Sie erschaudern lassen 33
    Die furchteinflößende Triade: Narzisst, Machiavellist
    und Psychopath 37

Kapitel 4: Verborgene Künste aufgedeckt - Wie
Manipulation funktioniert 49
    Wie man das Böse erkennt: Die Kniffe der alten Hasen 49
    Eine Landkarte, die Sie führt: Die spezifischen Tricks,
    die Sie im Auge behalten müssen 51

Kapitel 5: Bekenntnisse aus dem Sitzungssaal – Unsaubere
Geschäftspraktiken im Einsatz 67
    Die Höhen des Erfolges – die Taktik eines Genies 68
    „Dass einer lächeln kann und immer lächeln und doch
    ein Schurke sein kann" – Die Insider-Geschichte eines
    Meistermanipulators 75

Kapitel 6: Der Schaden ist angerichtet – Die Opfer
von Manipulation 83

   Von der Bestie zu Fall gebracht: Ein gebrochenes Herz –
   wie Manipulation die Liebe ruinierte 84
   Leb wohl, mein Herz, ich folge gleich dir nach 91

Kapitel 7: Sind Sie in der Schussbahn? 97

   Was macht uns anfällig für Manipulation? 97
   Den Schmerz fühlen – die negativen Auswirkungen 103
   Der Ausweg: Was tun, um manipulative Techniken zu
   vermeiden? 106

Kapitel 8: Ein Leitfaden zu ethischen Ansätzen 111

   Erkennen Sie, wer Sie sind und unterscheiden Sie Recht
   von Unrecht 111
   Das Licht in der Dunkelheit: Ein neues moralisches
   Verständnis 113
   Ist jetzt der Augenblick, um zu motivieren? 116
   In Ihren Händen: Die Gabe des positiven Prompting 117
   Paradebeispiele – Wählen Sie eine Geisteshaltung 122
   Die Sonnenseite des Lebens erreichen 125

Schlusswort 127

Verweise 131

Bonusheft 139

EINFÜHRUNG

Es gibt etwas, das Sie zu diesem Buch geführt hat. Es gibt einen Grund dafür, dass Sie hier sind.

... Die einzige Möglichkeit, diesen Impuls zu verstehen, ist, sich selbst als Person zu erkennen. Sie sind durch Knochenarbeit, den nötigen Biss und dadurch, dass Sie nichts unversucht gelassen haben, dort angekommen, wo Sie heute sind. Sie haben sich ein Leben für sich selbst aufgebaut, habe ich Recht? Sie scheuen sich nicht davor, sich anzustrengen. Sie haben Einfluss auf die Menschen um Sie herum und sind sich dessen bewusst. Dennoch gibt es etwas, das Sie noch wissen wollen. Und es lässt Sie nicht los.

Als Problemlöser, Entscheidungsträger und von Natur aus wissbegieriger Mensch hoffen Sie, mit einer Taschenlampe in die dunklen Ecken des menschlichen Verhaltens und Strebens zu leuchten – ich verstehe Sie sehr gut. Ihre Hobbys sind eine Erweiterung Ihrer Leidenschaften, sie sind es, die Sie antreiben und definieren. Etwas auszugraben, nach etwas zu suchen und das Rätsel zu lösen lässt Sie aktiv bleiben. Sie haben sich dieser Herausforderung gestellt, damit Sie vorankommen können.

Vielleicht machen Sie sich Sorgen, dass andere Ihre Errungenschaften untergraben und sie Ihnen wegnehmen, sodass Sie mit nichts dastehen. Ist es das, was Sie nachts um den Schlaf bringt? Komme ich der Sache näher? Sie befürchten, dass Sie eines Tages aufwachen und feststellen könnten, dass Ihnen alles, was Sie sich aufgebaut haben, entrissen wurde, weil Sie Ihre Augen nicht weit offen gehalten haben. Sie glauben, dass Sie auf Feinde in Ihrer Nähe aufpassen müssen.

Deshalb wollen Sie verstehen, was unter der Oberfläche und in den Abgründen der Welt lauert.

Gibt es bestimmte Dinge, über die Sie nur rätseln können? Es gibt definitiv Menschen und Mächte, die eine Dominanz ausüben, die Sie nicht verstehen können. Sie fragen sich: Warum haben sie Macht, Kontrolle, Geld und Sicherheit? Warum scheinen sie alles zu haben, was sie wollen? Andere Leute springen auf, wenn sie pfeifen – was hat sie zu ihrer Autoritätsstellung gebracht? Welche Asse hatten sie im Ärmel? Was ist das Geheimnis ihrer Kunst?

Diese Menschen sind **Manipulatoren.** Sie erreichen ihre Ziele und haben Erfolg, ohne Rücksicht auf das Wohlergehen anderer zu nehmen, und sind anderen immer einen Schritt voraus. Man sieht sie oft, sie sind diejenigen, die ein Lächeln im Gesicht haben.

Aber wie machen sie das? Was ist ihr Geheimnis? Sie haben es satt, außen vor gelassen zu werden und wollen genau Bescheid wissen, weil Sie verstehen, dass dies der einzige Weg ist, Ihr Unternehmen, Ihre Familie und Ihr Wohlbefinden vor äußeren Bedrohungen zu schützen.

Deshalb haben Sie nach diesem Buch gegriffen.

Unabhängig von Ihrem Hintergrund, Ihrer ethnischen Herkunft, Ihrer Identität, Ihren Erfahrungen oder Ihrer Karriere haben Sie die richtigen Entscheidungen getroffen, was zu begrüßen ist. Lassen Sie uns gemeinsam voranschreiten. Seien Sie versichert, dass ich hier bin, um Ihnen die Informationen und die Perspektive zu liefern, die Sie brauchen.

Das Problem ist, dass die meisten psychologischen Studien sich oft vom Thema der Manipulation fernhalten, unter anderem wegen der damit verbundenen Kontroversen. Das Thema kann Überredung, Zwang, Ausbeutung, Sklaverei und Gedankenkontrolle tangieren, die allesamt sensible Aspekte sind – Manipulation wird selten als eine Kraft des Guten eingesetzt und kann beängstigend wirken. Aber man kann nicht anders, als fasziniert zu sein, oder? In meinem Fall ist dem so. Wie Sie weigere ich mich, vor dem Unbekannten zurückzuschrecken. Wer wir als Spezies sind, was wir tun und warum, das alles sind Themen, die mich beschäftigen.

Deshalb habe ich die Manipulation in den Mittelpunkt meiner Forschung gestellt und dieses Buch geschrieben. Es ist der erste Teil einer vertiefenden Serie über Dunkle Psychologie, in der ich die menschliche Natur und allgegenwärtige Persönlichkeitsmerkmale unter die Lupe nehme: die guten, die schlechten und die hässlichen. In anderen Büchern dieser Reihe werde ich mich ausführlich mit Gaslighting, emotionaler Erpressung, dunklen Verführungs- und Überzeugungstaktiken und dunkler neurolinguistischer Programmierung (NLP) befassen. In diesem Buch werden wir die Manipulation in ihren vielen Formen und Ausprägungen untersuchen.

Manipulation – andere Menschen dazu zu bringen, bestimmte Dinge zu tun – ist so alt wie die Geschichte der Menschheit und wir reden und schreiben schon genauso lange darüber. Das allererste Buch der Bibel zeigt uns Satan als Schlange, die die Versuchung für hinterlistige Absichten einsetzt. Auch innerhalb des Altgriechischen und Sanskrit thematisieren Texte explizit den Zusammenhang zwischen den Willigen und den Machthabern. Shakespeare schrieb poetische Fallstudien über Manipulatoren und Manipulation, und moderne Dystopien – *Orwellsche Albträume* – zeichneten ein Bild von falschen Nachrichten, Propaganda und Informationsverzerrung, die uns Schauer über den Rücken jagen.

Manipulation ist allgegenwärtig und wir erleben sie tagtäglich: in Form von Pressemitteilungen der Regierung, politischen Kampagnen, Werbeslogans und in „subtilen" Bitten um Gefälligkeiten von Mitmenschen, Kollegen und Fremden. Oft in Fiktion gehüllt und durch Intrigen maskiert ist Manipulation ein hinterhältiger Geselle, der am besten wirkt, wenn wir uns dessen am wenigsten bewusst sind.

Dieses Buch gibt Ihnen alle Informationen, die Sie brauchen, um das Thema klar zu erkennen. Wissen ist Macht und alles hat eine Erklärung. Vorbereitung ist der Schlüssel. Wenn Sie immer einen Schritt voraus sein wollen, müssen Sie das Geschehen in der

Welt im Griff haben und alle anderen austricksen. Sie akzeptieren andere – das liegt in Ihrer DNA –, aber das bedeutet nicht, dass Sie nicht auch versuchen sollten, die Absichten der anderen besser zu verstehen. Wenn Sie gut gewappnet sind, können Sie verhindern, dass jemand Sie ausnutzt, sodass Sie nicht zum Opfer werden. Niemand wird Sie betrügen, Sie dazu bringen, etwas zu tun, was Ihrem Wohlergehen schadet oder Sie auf Ihrem Weg zurückhalten. Es ist wichtig, dass Sie das verstehen. Die Lektüre der Erkenntnisse und Erfahrungen in diesem Buch wird Ihnen helfen, Ihre Ambitionen Wirklichkeit werden zu lassen.

Ich arbeite seit über zwanzig Jahren als Psychologe. In dieser Zeit habe ich auch große Unternehmen beraten und ihnen kognitive, verhaltensbezogene und motivationszentrierte Beratung angeboten. Von daher bin ich mit CEOs und hochrangigen Wirtschaftsführern in Kontakt gekommen und bin dabei auf mehr als genügend geniale Köpfe gestoßen. Ich habe gesehen, wie sie das Spiel spielen – manche spielen es gut, manche schlecht, manche fair, manche nicht so geschickt. Ich habe gelernt, dass die erfolgreichsten, charismatischsten und respektiertesten Menschen alle ein detailliertes Wissen über Manipulation haben, weshalb ich es mir zum Ziel gesetzt habe, dieses Thema mit ihnen zu besprechen und dabei ethische Taktiken und Ansätze zu untersuchen. Ich möchte Sie jetzt in diese Geheimnisse einweihen.

Meine Einsichten, Interessen und Kenntnisse haben einem breiten Spektrum von Führungskräften geholfen und ihre Leistungen, ihre Dankbarkeit und ihre Selbstsicherheit zeigen, wie effektiv mein Ansatz gewesen ist. Wenn Sie die Lektüre dieses Buches abgeschlossen haben, werden auch Sie der Beweis für diesen Erfolg sein. Sie werden es in sich selbst sehen und fühlen und andere werden es auch spüren.

Ich kann Ihnen dieses Versprechen geben: Ich bin nicht nur hier, um Ihren Informationsdurst zu befriedigen oder Ihre Neugier herauszufordern. Ich möchte die Art und Weise, wie Sie denken, sich verhalten und handeln, zum Besseren wenden. Ich möchte

Übertreibungen, Floskeln und platte, unwesentliche Behauptungen vermeiden, da sie hier keinen Platz haben. Dieses Buch wird Fakten liefern. In erster Linie wird es viele Fragen und Unsicherheiten beantworten, die Sie vielleicht zu diesem Thema haben und gleichzeitig eine solide Grundlage für das Wissen liefern, das Sie benötigen, um voranzukommen.

Dieses Buch verbindet Wissenschaft und radikal neue Theorien und gibt Ihnen die Werkzeuge an die Hand, die Sie brauchen, um dunkle Persönlichkeiten zu vermeiden, bevor es zu spät ist. Folgende Typen entsprechen diesen Persönlichkeiten: diejenigen mit narzisstischer Persönlichkeitsstörung, antisozialer Persönlichkeitsstörung und Machiavellismus. Auf diese Merkmale werde ich später in diesem Buch näher eingehen. Seien Sie vorerst gewarnt – Sie sollten sich von diesen Menschen fernhalten. Ich möchte Ihnen auf jeden Fall helfen, Manipulatoren schnell aus der Ferne oder im näheren Umkreis zu erkennen. Sie werden lernen, ihre Techniken, Betrügereien und Zwangsmethoden zu erkennen.

Bereiten Sie sich darauf vor, einen faszinierenden Überblick über die verschiedenen Seiten des menschlichen Verhaltens zu bekommen, während wir die dunklen Seiten der menschlichen Natur untersuchen. Ich werde Ihnen eine neue Sichtweise auf die psychologische Manipulation zeigen. Sie werden ein besseres Verständnis dafür bekommen, wie der menschliche Geist arbeitet, wie er sich verteidigt, schützt und durchsetzt.

Auf diese Weise werden Sie andere ausmanövrieren können. Mehr noch, Sie wollen einen Teil des Kuchens, oder? Nicht etwa als Ausbeuter oder Tyrann, sondern um diese Strategien ethisch anzuwenden. Auf diese Weise schärfen Sie Ihre Fähigkeit, proaktive Urteile zu treffen und stärken Ihre Führungsqualitäten. Sie werden Ihren geschäftlichen und persönlichen Erfolg fördern, indem Sie die Menschen um Sie herum motivieren und inspirieren. Es geht darum, die richtige Balance in Ihrem Ansatz zu finden und wir werden uns genau anschauen, wie das möglich ist.

Sie brauchen diesen unbekannten Teil der menschlichen Natur da draußen im Schatten nicht zu fürchten und müssen kein Jedi aus Star Wars sein, um die dunkle Seite zu überwinden. Es gibt mächtige Charaktere, denen das Wohl der übrigen Menschheit nicht am Herzen liegt. Sie dürfen sich diesen gegenüber nicht verwundbar machen.

Indem wir alle Facetten der menschlichen Natur – sowohl das Licht als auch die Dunkelheit – erforschen, können wir das Ganze besser verstehen. Das ist der Weg zur Erfüllung unseres Potenzials. Das wollen Sie, nicht wahr? Sie wollen Ihren Instinkten vertrauen und vermeiden, dass man Sie über den Tisch zieht. Sie lassen sich nicht zum Narren halten und sind sich dessen sicher. Treten Sie also vor und werfen Sie die Ignoranz beiseite. Seien Sie bereit, sich einer Wahrheit zu stellen, die zwar unbequem sein könnte, Ihnen aber zu einem besseren, erfolgreicheren Leben verhelfen wird. Das ist der Grund, warum Sie mein Buch lesen.

KAPITEL 1:

Die Grauzone – Manipulative Dynamik

Willkommen im ersten Kapitel. Hier werde ich Sie in ein sehr dunkles Gebiet führen. Erwarten Sie, dass Ihnen die Augen weit geöffnet werden. Wenn wir dieses Thema verstehen wollen, müssen wir anfangen zu begreifen, was einen so komplexen Bereich des Sozialverhaltens definiert und ausmacht. Ich werde Sie sorgfältig und Schritt für Schritt durch dieses Thema begleiten, damit Sie ein besseres und umfassenderes Verständnis erhalten.

Die Ausgangslage: Was ist psychologische Manipulation?

Ich bin zuversichtlich in meiner Annahme, dass wir alle nicht nur einige Male in unserem Leben manipuliert worden sind, sondern auch dass wir alle bis zu einem gewissen Grad aktiv für die Manipulation anderer Menschen verantwortlich sind, ob bewusst oder unbewusst. Im Wesentlichen bedeutet Manipulation, jemanden psychologisch davon zu überzeugen, auf bestimmte Art und Weise zu fühlen oder etwas Bestimmtes zu tun. Was genau ist die Absicht dahinter? Die Gründe für eine Manipulation können vielfältig sein: Streben nach Macht, Ressourcen, Geld oder „noch ein bisschen mehr" sind allesamt triftige Gründe. Vielleicht hängt es auch mit dem Status zusammen: die Stärkung des eigenen Selbstwertgefühls und die Beeinflussung eines Individuums durch die Einschränkung seiner Autonomie. Vielleicht wird dieses Verlangen von Faulheit – der Unlust, sich anzustrengen – oder dem Wunsch nach zusätzlicher Stärke getrieben. Vielleicht geht es um den Hunger nach Kontrolle oder Befriedigung. Letztlich geht es nur um *Gewinn*. Manipulation kann sicherlich in vielen verschiedenen Formen und Ausprägungen auftreten, sei es:

- Sexuell
- Wirtschaftlich
- Politisch
- Finanziell
- Sozial
- Emotional

Glauben Sie nicht, dass Manipulation immer auffällig und aggressiv abläuft – in den meisten Fällen tut sie es nicht. Sie kann subtil, heimtückisch, leise plädierend und oft hinterhältig sein. Unter diesen Umständen haben Sie vielleicht noch nicht einmal bemerkt, dass Sie ihr zum Opfer gefallen sind. Manchmal sind Sie so eng in die Ecke gedrängt worden, dass Sie tatsächlich glauben könnten, es gäbe keine Alternative.

Die Kunst der Manipulation in der heutigen Welt

Die Verfahren und Auswirkungen der Manipulation sind zeitlos und existieren seit Anbeginn der Menschheit. Allerdings ist sie in den letzten zwanzig Jahren in vielfältiger Weise besonders ausbeuterisch geworden. Ich möchte Ihnen ein besseres Verständnis dafür vermitteln, wie das psychologische Spielsystem in der Welt um Sie herum funktioniert, und Sie sollen sehen, wie allgegenwärtig es sein kann.

1. Wir hören oft, dass wir in einer Konsumgesellschaft leben und vielleicht betrachten Sie das als einen Fortschritt oder als die Wurzel allen Übels. Wenn ich noch weiter darauf eingehen würde, müsste ich noch ein Buch schreiben. Auf jeden Fall ist der westliche Kapitalismus zweifellos auf den Säulen der **Suchttendenzen** aufgebaut, das heißt auf der Prämisse, dass Produkte im Wesentlichen Drogen sind – von der neuesten TV-Show, dem neuesten Song oder Film bis hin zum neuesten Software-Update, Produkt-Upgrade, Parfümtrend oder einem Paar Turnschuhe. Konsumgüter

bieten eine schnelle Befriedigung, die sich abnutzt und ersetzt werden muss. Die Aufmerksamkeitsspannen sind kurz, was diesen Bedarf an Innovation hervorruft. Daher wird der Verbraucher animiert, nach ständigen Anreizen in Form von Upgrades zu suchen. Ohne diesen Stimulus bricht die Wirtschaft zusammen und das will keiner von uns. Es handelt sich also um ein System, das missbraucht werden kann und die Anti-Kapitalisten werden uns sicherlich predigen, dass die Gesellschaft nur ein einziges großes, geldgieriges Gebilde ist, das mit unseren Schwächen spielt, von den Spielautomaten bis zum neuesten iPhone. Wir werden dazu angestiftet, Ausgabe für Ausgabe zu tätigen, um unsere Lebensweise aufrechtzuerhalten.

2. Im Zentrum dieses Weltsystems steht das Marketing – auch dies ist ein Thema für ein eigenständiges Buch. Der Hauptaspekt der Manipulation innerhalb dieser Thematik ist die **Werbung**. Kurz gesagt, besteht ihre Kunst – ihre Existenzberechtigung – darin, die Menschen dazu zu bewegen, etwas zu kaufen oder zu tun. Oft wird eine Person überzeugt, wenn sie noch nicht einmal ein Bedürfnis ausgemacht hat. In einer sich ständig verändernden Welt mit immer neuen Produkten ist die einzige Konstante, dass die Unternehmen stets versuchen, uns zum Kauf ihrer Produkte zu bewegen. Marketing-Agenturen arbeiten jedes Jahr zahlreiche Kampagnen aus, um die Verbraucher zu einem Produkt oder einer Dienstleistung zu verführen und so ihre Interessen zu schützen. Das sind nur die Fakten – Manipulation ist Mainstream. Wir werden mit Logos gefüttert, um sie wiederzuerkennen, mit Themen und Melodien, zu denen wir mitsummen, sowie mit Slogans, die wir rezitieren. All diese Werbetaktiken sprechen unsere Eitelkeiten, unser Selbstbild, unsere Hoffnungen und unser emotionales Wohlbefinden an.

3. **Soziale Netzwerke** sind ein heißes Eisen bei der psychologischen Manipulation. Sie mögen zwar lustig erscheinen

und verschiedene Vorteile bieten, als Elternteil von Teenager-Kindern kann ich jedoch bestätigen, dass das gesamte Umfeld um Manipulation herum aufgebaut ist. Wie sich der Mainstream verhält, was man sagen, lesen, sehen, wie man aussehen soll, wo man essen oder in den Urlaub fahren muss, all das wird uns vorgeführt, wie es noch nie zuvor der Fall gewesen ist. Früher gab es Klatschmagazine und Geschwätz über die neuesten Trends in gesellschaftlichen Kreisen, heute ist dieser Einfluss *unmittelbar* spürbar. Unser Neid, unsere Bewunderung und unsere Bestrebungen werden durch Vorlieben, Emoticons und Kommentare gefördert. Wir sehen, was als chic und begehrenswert gilt, und nicht über das zu verfügen, was andere Menschen haben, wird als schwerwiegender Misserfolg angesehen. Wenn wir mit unseren Klingeltönen und Benachrichtigungen nicht Schritt halten, sind wir erledigt. In einer schnelllebigen Welt können die sozialen Netzwerke zu unserem engsten Verbündeten werden, da sie es uns ermöglichen, zu jeder Stunde des Tages einzuloggen ... mehrere Stunden am Tag. Es ist nur natürlich, dass wir uns von dem leiten lassen, was die sozialen Netzwerke zu sagen haben.

4. Wenn wir bestimmte Nachrichtenkanäle verfolgen oder bestimmte Medien lesen, können deren Ansichten schließlich zu unseren eigenen werden. Es gibt so viele Informationen da draußen, zusammen mit verschiedenen Sendern und Nachrichtenquellen, dass wir nicht alle überprüfen können. Deshalb konzentrieren wir uns auf eine und nach einer Weile stellen wir vielleicht fest, dass unsere politisch-ethischen Meinungen von jemand anderem für uns gebildet werden. Vielleicht wollen wir bei so viel Geschehen insgeheim einfach nur, dass uns gesagt wird, was wir denken sollen, dass uns gesagt wird, was richtig und falsch ist. Wir werden dies nun nicht als **Verdummung** bezeichnen, aber im Grunde ist es das.

5. In letzter Zeit gab es viele Diskussionen um die Zunahme von **falschen Schlagzeilen** oder Fake News. Ob objektiv richtig oder falsch – ein gutes Meme kann in der gesamten Gesellschaft ein nachhaltiges Echo finden. Das Internet ist sicherlich schwieriger zu überwachen als die traditionellen Nachrichtenagenturen in Papierform. Eine kürzlich durchgeführte Studie über die britischen Wahlen vom Dezember 2019 ergab, dass 88 % der Online-Anzeigen einer bestimmten Partei falsch oder irreführend waren. Die Idee war nicht wichtig, das Endresultat war das Ziel. Deshalb ließen sich die Wähler – bereitwillig und nicht bereitwillig – einer Gehirnwäsche unterziehen, was die Definition von Gedankenkontrolle ist!

6. Ich möchte auch die **Bildbearbeitung** (oder Photoshopping) erwähnen. Wer hat nicht schon einmal die Beleuchtung eines Bildes verändert, um genau das Ambiente zu erzielen, das er wollte? Es ist ein harmloser Trick, oder? Das mag sein, aber wir manipulieren buchstäblich das Bild, das wir von uns selbst präsentieren. Es hat viele Auswirkungen auf die psychische Gesundheit, wenn man sein wahres Ich nicht zeigt. Mehr als das: Wenn Fotos manipuliert werden können, wer kann dann mit Sicherheit sagen, was die Realität ist? Unsere Ansichten, unser Wohlergehen und unsere Sicherheit sind heute in größerem Umfang ausbeutbar als je zuvor.

7. Wir alle brauchen Geld, um überleben zu können. Wir alle haben Rechnungen zu bezahlen und Güter zu kaufen, damit wir über die Runden kommen. Einige von uns könnten sich in Situationen befinden, in welchen wir versuchen, jede Arbeit anzunehmen, die wir nur bekommen können, um uns über Wasser zu halten. Gewerkschafts- und Arbeitsrechte sind nicht universell und niedrige Löhne und Null-Stunden-Verträge können in Kombination dazu führen, dass Arbeitnehmer ausgebeutet werden. Wenn wir aufgefordert werden, ein kleines bisschen mehr zu tun, wer

– aus Angst vor Entlassung und Arbeitslosigkeit – beschwert sich dann? Dieses Problem ist nicht neu und dank der Manipulationen auf dem **globalen Markt** können Produkte und Dienstleistungen in einem Teil der Welt fast umsonst hergestellt und angeboten werden, um dann in einem anderen Teil zu einer höheren Marge verkauft zu werden. Unsere wirtschaftliche Stabilität, ganz zu schweigen von den Hoffnungen auf Gleichheit und Fairness, sind alle anfällig für schweren Missbrauch.

8. In letzter Zeit wird viel über „**Grooming**" gesprochen, das sich zwar faktisch auf jedes Ziel und jede Situation beziehen kann, aber normalerweise in Verbindung mit Kindern steht, die online von Pädophilen, die sich als andere Kinder ausgeben, um den Finger gewickelt werden. Es kann natürlich auch in Form von E-Mails oder Anrufen von „Verkäufern" erfolgen. Das Opfer wird ausgewählt und es werden subtile Punkte einer emotionalen Verbindung hergestellt. Grooming ist eine moderne und besonders unangenehme Form der Täuschung. Der Grundstein wird im Voraus gelegt, der Weg wird geebnet, bevor eine Avance gemacht und der resultierende Vorteil genutzt wird, um das Endresultat zu realisieren.

Vielleicht erkennen Sie die eine oder andere der oben genannten Formen der Manipulation, aber lassen Sie sich versichern, dass sie alle sehr ertragreich sind. Ich hoffe, Sie haben inzwischen erfasst, dass Manipulation, metaphorisch gesprochen, in der Luft liegt, die wir atmen. Manipulatoren umgeben uns und sind mitten unter uns, oft ohne dass wir es wissen.

Wie Fallen gestellt werden

Einige Manipulationstechniken sind offensichtlich, z. B. wenn ein Freund uns direkt fragt, ob wir mit ihm ausgehen und ihn auf dem Weg auch noch aufgabeln können, obwohl wir eigentlich andere Verpflichtungen hätten. In solchen Fällen sind wir vielleicht sogar froh, mitzuziehen. In einer Situation wie dieser wurden wir vielleicht dazu verleitet, jemanden zu einer Veranstaltung zu fahren, zu der wir nicht unbedingt hingehen möchten, aber unser Freund hat seine Absichten ehrlich kommuniziert und es könnte schließlich ein lustiger Abend werden ... oder?

Andere Taktiken drücken sich durch hinterhältige und betrügerische Mittel aus. Zum Beispiel tritt dieser Umstand dann ein, wenn Ihr Freund nicht offen sagt, dass er diese Mitfahrgelegenheit will, sich aber trotzdem darauf verlässt: *Warum kommst du nicht auch mit?* und *Dir wird es da absolut gefallen* verwandelt sich zu *Wie wirst du dahin gelangen?* und läuft schließlich aus auf *Mein Auto muss in die Reparatur. Ich glaube, ich werde auf diese lustige Feier verzichten müssen.* Sehen Sie, was hier passiert ist? Ihr Freund hat Sie in seine Pläne miteinbezogen und Sie für etwas begeistert. Dann hat er Sie um einen Gefallen gebeten, ohne diesen konkret von Ihnen einzufordern – er macht Ihnen ein schlechtes Gewissen, wenn Sie es möglicherweise nicht tun. Er hat Sie hinters Licht geführt und Sie in die Richtung gelenkt, in die Sie gehen sollten.

Diese Art von hinterhältigen Techniken können oft Machtspiele in Gang setzen. *Wenn du X nicht tust, bedeutet das, dass du mich nicht liebst* oder, im beruflichen Kontext, *Lassen Sie mich nur auf der Arbeit sitzen, doch der einzige Schluss, den ich daraus ziehen kann, ist, dass Sie Ihren Job nicht ernst nehmen.* Hat schon einmal jemand diese Art von unredliches Mobbing an Ihnen angewandt oder haben Sie gehört, wie es zu anderen Menschen in Ihrem Umfeld gesagt wurde? Im Wesentlichen zwingt diese Art von Formulierung den Einzelnen, etwas zu tun, was ihm unangenehm ist, weil er sich vor den möglichen Folgen fürchtet; er wird dazu gebracht, sich um die Nachwirkungen Sorgen zu machen. Mit anderen Worten, er wird manipuliert.

Vielleicht sehen manche Menschen in anderen eine Schwäche oder „offene Flanke" und handeln gezielt danach. In anderen Fällen spüren sie eine unterschwellige Verwundbarkeit und können nicht anders, als diese auszunutzen.

Denken Sie jedoch daran, dass dieses Kapitel den Titel „Die Grauzone" trägt und das Folgende ist ein Beispiel dafür, was ich meine. Ihre Mutter backt tolle Kuchen und tut alles für Sie, um Sie glücklich zu machen. Sie sind sich dessen nicht einmal unbedingt bewusst, aber sie ist eine dieser natürlichen Hausfrauen, bei der andere Menschen immer an erster Stelle stehen. Egal, ob Sie sich nach einer Trennung schlecht fühlen oder einfach nur hungrig sind, wohin werden Sie wohl gehen? Natürlich zurück ins traute Heim, zu Mamas feiner Küche. Haben Sie sie dazu verleitet, Ihnen das emotionale und praktische Trostpflaster zur Verfügung zu stellen, das Sie sich wünschen? *Vielleicht.* Aber *vielleicht auch nicht.* Vielleicht denkt sie insgeheim darüber nach und fühlt sich dadurch erschöpft, aber sie könnte auch möglicherweise mehr an der Beziehung profitieren, als Sie sich vorstellen – vielleicht gibt es ihr das Gefühl, wichtig zu sein und im Leben ihres Kindes gebraucht zu werden. Das meine ich, wenn ich attestiere, dass es bei der Manipulation eine Grauzone gibt.

Einige philosophische Perspektiven

Der vielfach geachtete und publizierte Philosophieprofessor Allen W. Wood bezeichnet die verschiedenen Aspekte der Manipulation als moralisch höchst problematisch. Wie ich bereits erwähnt habe, argumentieren jedoch einige, dass nicht alle Formen der Manipulation falsch seien. Wir müssen nicht immer das Schlimmste annehmen oder davon ausgehen, dass eine Situation vollkommen negativ ist. Wie ich schon gesagt habe, kann unabhängig von den Absichten des Manipulators manchmal ein gegenseitiger Gewinn aus den Vereinbarungen entstehen. Wenn das der Fall ist, kann man dann noch von Nachteil sprechen? Sollte der Akt der Manipulation vollständig dämonisiert werden?

Ich werde dieses Thema und das Konzept der Ethik in Kapitel 8 aufgreifen und ausführlicher behandeln. Vorerst möchte ich Ihnen helfen, einige der philosophischen und psychologischen Argumente im Hinblick auf Manipulation zu verstehen.

Ich werde oft gefragt, ob Manipulatoren ausschließlich absichtlich handeln oder ob ihre Manipulation auch unbewusst vor sich gehen kann. Nehmen wir zum Beispiel diesen Freund aus dem vorherigen Beispiel, der Sie zum abendlichen Ausgehen mitgenommen hat und dann eine Mitfahrgelegenheit brauchte. Manipuliert er Sie auch dann, wenn es gar nicht seinem Vorsatz entsprach? Was wäre, wenn er Sie eingeladen hätte, ohne darüber nachzudenken, wie er zum Ziel kommt, oder wenn er seine Transportschwierigkeiten angesprochen hätte, ohne das Vorhaben, Ihre Großzügigkeit auszunutzen? In Anbetracht dieses Falles stellt Marcia Baron, Rudy-Professorin für Philosophie an der Indiana University, die wichtige Frage: Ist bewusste Intentionalität eine notwendige Voraussetzung für Manipulation? Dieses Thema ist immer und immer wieder diskutiert worden und die einzigen Antworten, die wir haben, sind subjektiver, ethischer und philosophischer (also nicht konkreter) Natur.

Tatsächlich könnte Manipulation von anderen Standpunkten aus lediglich eine Frage der effizienten Führung und Motivation von Menschen sein. Alle Vorgesetzten, Eltern und Lehrer könnten unter einem bestimmten Gesichtspunkt als Manipulatoren betrachtet werden, da gutes Management und Überzeugungskraft in diesen Fällen entscheidend sind. Einige Manipulatoren sind natürlich korrekter als andere, wie Sie wahrscheinlich erlebt haben. Ein Missbrauch der Position ist üblich, lassen Sie uns jedoch für einen Moment über das Negative hinaus denken.

In gesunden, konstruktiven Beziehungen beeinflussen wir uns ständig gegenseitig, von der Wahl des Lebensstils bis hin zu guten Büchern. Verhandlungen und Debatten sind der Treibstoff der sozialen Interaktion, Kompromisse und das Anhören anderer können uns helfen, uns als vollendete Menschen zu entwickeln. Auch

Diäten zielen auf Verbesserung ab, dementsprechend malen wir nicht gleich den Teufel an die Wand, wenn Unternehmen versuchen, uns für vitaminreiche Ernährung und ihre Produkte zu begeistern. Wie wäre es mit Wohltätigkeitsorganisationen oder NGOs, die ihre Überredungskünste einsetzen, um uns für eine bestimmte Situation zu sensibilisieren und uns um Hilfe zu bitten? Ähnliche Fragen werden aufgeworfen, wenn ein Kind einen Tobsuchtsanfall hat oder ein Mensch mit Depressionen Selbstmordgedanken hegt. Diesen Menschen aus solch einem Geisteszustand herauszuführen und ihn von einem anderen Standpunkt zu überzeugen – ihn zu *manipulieren* – ist zweifelsohne eine gute Sache. In diesen Fällen könnte argumentiert werden, dass der Verlust (des freien Willens) mit dem Gewinn abgegolten werden kann.

Später, in Kapitel 3, werden wir uns mit dem Erz-Manipulator Niccolò Machiavelli auseinandersetzen. Machiavelli war ein Mann der Renaissance, wie er in den Geschichtsbüchern steht – Philosoph, Diplomat, Schriftsteller, Polyamorist und Pragmatiker im Italien des 15. Jahrhunderts. Auf ihn konnte man zählen, wenn es darum ging, einen Ausdruck zu prägen oder eine Handlung zu verteidigen. Obwohl die Phrase *Der Zweck heiligt alle Mittel* nicht von ihm direkt stammt, so vertrat er doch diese Haltung. Der Ausdruck läuft auf die Idee hinaus, dass alle Mittel und Techniken als legitim gelten, wenn Sie sich zur Erreichung von Zielen als nützlich erweisen. Obwohl Machiavelli genug Einfluss hatte und auch heutzutage noch diverse Denker zu seiner Anhängerschaft gehören, war er eher berüchtigt als berühmt. Seine eigenen Interessen lagen ihm in erster Linie am Herzen. Seine Worte werden üblicherweise im Zusammenhang mit zwielichtiger Staatsführung und selten als Kompliment gebraucht. Die eigentliche Idee hinter seiner Position ist allerdings der **Konsequentialismus**. Vor fast 2000 Jahren brachte der griechische Politiker Demosthenes diesen Begriff folgendermaßen auf den Punkt: *Jeder Vorteil der Vergangenheit wird im Lichte der finalen Umstände beurteilt.* Dies impliziert, dass Manipulation zwecks eines (normativ) guten Ziels als legitim betrachtet werden kann, wenn es dem Wohle des manipulierten Subjekts dient.

Immanuel Kant, deutscher Philosoph des 18. Jahrhunderts, würde dem nicht beipflichten. In seinen Schriften plädierte er offen dafür, dass Menschen nicht als Mittel zum Zweck anderer Menschen behandelt werden dürfen, selbst wenn diese Zwecke positiver oder nobler Natur sind oder dem Wohle der Gemeinschaft dienen. Keine schlechte Handlung lässt sich in irgendeiner Weise rechtfertigen. Darüber hinaus glaubte er an ein übergeordnetes, moralisches Prinzip, das weitläufig als kategorischer Imperativ bekannt ist. Wir unterliegen der moralischen Pflicht, zu jeder Zeit unter ethisch richtigen Gesichtspunkten und Entscheidungen zu handeln.

Dies wird zu einem Problem, wenn wir Moral auf individueller Ebene betrachten. Gibt es eine unmissverständliche Bedeutung von richtigen und falschen Handlungen? Es ist nicht schwer zu sehen, wieso die meisten Menschen argumentieren würden, dass Täuschung, Ausbeutung und Nötigung eines Drogenabhängigen mit dem Ziel, ihn von der selbstzerstörerischen Sucht wegzubekommen, ein moralisches Derivativ der Manipulation ist. Würden dem allerdings alle zustimmen? Modifizieren wir die Situation ein bisschen und nehmen nun an, dass ein Patient Medikation und eine Bluttransfusion benötigt, um zu überleben. Seine Religion untersagt ihm jedoch solche Praktiken. Nun gehen wir davon aus, dass Sie ein Arzt mit einem anderen religiösen Hintergrund sind. Welcher Grad der Manipulation und Überzeugung ist legitimerweise gestattet, um den Patienten am Leben zu erhalten? Demosthenes wäre nicht abgeneigt zu sagen, dass in dieser Situation jedes Mittel erlaubt sei. Kant hingegen würde dazu tendieren, keinerlei Manipulation oder Überzeugung abzusegnen.

Die Problematik hierbei ist, dass keine philosophische Einstimmigkeit in Bezug auf Moralität existiert. Was von der einen Seite als Manipulation mit guten Absichten verstanden wird, mag von der anderen als egoistisches Mobbing abgetan werden. Um einen Paradigmenwechsel bei den Vertretern einer philosophischen Position zu erzielen, müssten jene der Opposition stets mehr Überzeugungsarbeit leisten.

Im antiken Athen gab es eine Gruppe von Lehrern, die als Sophisten bekannt waren. Sie konnten engagiert werden, um in Rechtssachen in jemandes Namen zu sprechen oder ihn in der Kunst der guten mündlichen Ausdrucksfähigkeit zu unterrichten. Die Betonung lag nicht unbedingt auf der Wahrheit dessen, was gesagt wurde, sondern auf der Art, wie es gesagt wurde. Sokrates, der Vater der westlichen Philosophie, hasste seine Zeitgenossen, die Sophisten, weil sie daran interessiert waren, ein Argument um jeden Preis zu gewinnen. Sie manipulierten die Meinungen der Menschen, damit diese Ansichten als richtig angesehen werden konnten. Rechtsanwälte und Politiker haben sich im Laufe der Zeit dieser als **Rhetorik** bezeichneten Überzeugungstechniken angenommen. Heute bezeichnen wir solche Taktiken – Sophisterei – als clevere, aber falsche Argumente, mit denen wir andere beeindrucken wollen, damit wir bekommen, was wir wollen.

Wir verachten unsere Gegner dafür, dass sie rhetorische Mittel verwenden, aber wir applaudieren, wenn unsere Helden es tun. Der britische Premierminister während des Krieges, Winston Churchill, war ein großer Redner. Trotz vieler beruflicher Schwächen und einer Reihe erheblicher persönlicher Mankos gilt er wegen seiner besonnenen und energischen Haltung gegenüber dem Faschismus und der Nazi-Invasion als Staatsmann. Er wendete das Blatt, scharte ein Bündnis um sich und setzte seine verbalen Fähigkeiten ein, um die Demokratie am Leben zu erhalten. Heutzutage ist es verlockend zu sagen, dass solche mündlichen Fertigkeiten ein überstrapazierter Ausbeutungstrick seien und in die Hände von Demagogen fallen können, die hoffen, Vorurteile zu schüren, um ihren eigenen Wünsche den Weg zu ebnen.

Der französische Psychologe und Soziologe Gustave Le Bon analysierte gegen Ende des 19. Jahrhunderts die Dynamik der

Französischen Revolution von 1789 als eine Form der Massenmanipulation und Propaganda. Seine Psychologie des Mobs ist unmissverständlich in der Behauptung, dass man, wenn man eine prägnante Botschaft oft genug wiederholt, Einflussnehmer davon überzeugt, sich für diese Sache einzusetzen. Wiederholt man dieselbe Botschaft immer und immer wieder, wird sich die breite Masse dafür einsetzen. Dieser Ansatz ist natürlich anfällig für moralische Zweckentfremdung, da er zu weit verbreiteter Manipulation führen kann. In der heutigen Zeit scheint es keinen Ausweg zu geben und ich kann mir vorstellen, dass Le Bon viel über die Realitätsverzerrung durch Werbung und soziale Netzwerke zu sagen hätte.

Wie können wir also jemals Recht von Unrecht unterscheiden? Wie können wir überhaupt unseren eigenen Verstand erfassen? Wir werden ständig manipuliert, ohne es überhaupt zu registrieren. Keine der Informationen, die wir erhalten, Nachrichten, die wir hören, Klatsch, den wir aufnehmen oder Ereignisse der Geschichte, die wir gelernt haben, spiegelt die Wahrheit wider, sondern nur eine Version davon. Tatsächlich werden wir ständig durch die subjektiven Meinungen anderer Menschen konditioniert – und geschwächt. Wir sind leichte Beute und nicht jeder meint es gut mit uns.

KAPITEL 2:

Willkommen auf der dunklen Seite

Sind Sie bereit, die unschönen Aspekte der menschlichen Natur zu ergründen? Im vorhergehenden Kapitel haben wir die Dynamiken der Manipulation diskutiert. Als Nächstes möchte ich mich damit befassen, was bestimmte Menschen dazu bringt, das Vertrauen, Wohlergehen und die Sicherheit anderer Menschen zu missbrauchen. Hierzu brauchen wir ein klares Verständnis für ein bestimmtes Gebiet der Psychologie, welches nichts für schwache Nerven ist.

Die Reise beginnt: Was ist dunkle Psychologie?

Wieso sind manche Menschen böse? Dies ist eine Diskussionsfrage, von der die Philosophie und Sozialpsychologie nahezu besessen ist, und das seit Anbeginn der Zeit.

Sie werden Leute sagen hören, dass ein bestimmtes Kind schon immer dazu verdammt war, zu missraten. Damals hat meine Oma oft auf ein Kind in der Nachbarschaft gezeigt und gesagt: „Merk dir meine Worte, mein Schatz, der hier wird ein schlechter Mensch werden." Diese Art des Denkens verdeutlicht den Glauben, dass manche Menschen einfach böse geboren werden.

Im dystopischen *Minority Report* (der später mit Tom Cruise verfilmt wurde) geht Philip K. Dick auf die psychologischen Merkmale von Kriminellen ein. Die Geschichte geht von der Prämisse aus, dass Verbrechen vorhergesehen werden können, bevor sie begangen werden. Dies impliziert, dass einige Menschen prädisponiert sind, solche Verbrechen zu begehen. Heutzutage geht die Wissenschaft davon aus, dass bestimmte chemische Ungleichgewichte Triebkräfte für antisoziales Verhalten sein können. Heißt das, dass wirklich alles in den Genen liegt? Wenn ja, sind solche

Tendenzen unheilbar? Inwieweit spielen soziale Faktoren eine Rolle?

Arber Tasimi geht dieser Frage direkt auf den Grund. Als Postdoktorand im Fachbereich Psychologie der Stanford University und künftiger Assistenzprofessor für Psychologie an der Emory University in Atlanta, Georgia, spezialisiert sich Tasimi auf die Untersuchung der moralischen Neigung von Babys. Er hat sich die Frage gestellt: In welchem Alter beginnen wir, die Idee von richtig und falsch zu begreifen, bevor Sprache, Kultur und soziale Faktoren eingreifen? Im Wesentlichen geht es in seinen Studien um die Suche nach Grundwerten.

Tasimi führte eine Reihe von Tests mit 13-monatigen Säuglingen durch, um festzustellen, ob in ihnen eine Neigung zum Bösen festzustellen ist. Seine Studien erforderten den Einsatz von Marionetten, um Geschichten mit eindeutig guten und eindeutig schlechten Protagonisten nachzuspielen. Nach der Aufführung boten sowohl die moralisch gut gesinnten als auch die moralisch fragwürdigen Marionetten den Kindern einen Cracker an. Tasimi interessierte sich für die Präferenzmuster der Kinder in Bezug auf die Wahl des Crackers. Im Wesentlichen ging er der Frage nach, ob sie von Gut oder Böse beeinflusst werden: Wozu würden sie sich hingezogen fühlen? Er plante, diese Studie einen Schritt weiterzuführen und Marionetten im moralischen Graubereich einzuführen: Werden Kinder, die bisher nur die guten Marionetten bevorzugt haben, diesen ambivalenten Charakteren die gleiche Vorliebe entgegenbringen? Dieser zusätzliche Schritt vertieft die Frage, ob Kinder den Unterschied zwischen verschiedenen Graden von Fehlverhalten erkennen können.

Dr. Delroy Paulhus, Professor für Psychologie an der University of British Columbia in Vancouver, machte es sich zur Aufgabe, das Thema der Abstufungen moralischer Bosheit zu ergründen. Er weigerte sich zu akzeptieren, dass es immer nur das Gute auf der einen Seite und das Schlechte auf der anderen gibt. Fasziniert vom

„alltäglichen Bösen", glaubt er, dass es dazwischen sehr viele Grauzonen gibt. Im Rahmen seiner eingehenden Forschung zu diesem Thema führte er eine Reihe von psychologischen Tests durch, um die Neigung eines Menschen zum Verletzen oder Ausbeuten anderer festzustellen. Sein Ziel war es, sein Verständnis der Merkmale der dunklen Charaktereigenschaften verschiedener Menschen zu vertiefen, darunter Egoismus, Machiavellismus, moralische Loslösung, Narzissmus, psychologisches Anspruchsdenken, Psychopathie, Sadismus, Eigeninteresse und Boshaftigkeit.

Seine Ergebnisse führten ihn zu der Schlussfolgerung, dass es wahrscheinlich ein Spektrum gibt, welches verschiedene Ebenen von Neigungen zu schlechtem Verhalten umfasst, und dass wir alle irgendwo innerhalb dieses Spektrums liegen.

Diese Forschung geht von der Prämisse aus, dass wir alle potenziell zu Gewalt, Bosheit, moralischen Übeln und abweichendem Verhalten fähig sind. Einige neigen vielleicht eher zum Verwerflichen, während andere sich zum Guten hingezogen fühlen, aber wir können gleichzeitig gut und böse sein. Es gibt eine Dichotomie in unserem Verstand, in unserem Geist und in unserem Herzen. Das neueste Projekt der Star-Wars-Franchise *The Rise of Skywalker* geht in vielerlei Hinsicht genau auf dieses Problem ein. Zur Erklärung: Der Film beleuchtet den Kampf zwischen gutartigen und bösartigen Impulsen innerhalb der Psychologie eines einzelnen Menschen. Er untersucht, wie wir der Versuchung widerstehen und gute Taten vollbringen wollen, aber letztendlich dennoch von selbstsüchtigen Begierden verführt werden können.

Die dunkle Psychologie leistet die gleiche Arbeit und stellt die gleichen Fragen, allerdings eher von einem akademischen Standpunkt aus. Im Wesentlichen ist sie an der eingehenden Untersuchung dieses inneren Kampfes interessiert. Sie wirft entscheidende Fragen auf, wie z. B.: *Warum erfreuen sich manche Menschen an Grausamkeit und bereiten anderen Unbehagen? Warum zeigen sie antisoziales Verhalten?* Im Kern geht es darum zu verstehen, warum manche Menschen dazu neigen, andere auszunutzen.

Anthropologen würden argumentieren, dass die Fähigkeit, ein Raubtier zu sein, seit Anbeginn der Zeit in unsere DNA eingebaut wurde. Wie sonst konnten wir auf unserem steinigen Weg überleben? Wir jagten andere Tiere, sodass die Idee, andere Lebewesen als Beute zu betrachten, ganz natürlich wurde. Wir tragen das immer noch in unserem Blut, aber jetzt, da wir mit vorverpackter Nahrung sicher an der Spitze der Nahrungskette stehen, sind diese Triebe hungrig nach anderen Ausdrucksformen. Durch solche neigen wir dazu, ein Verlangen danach zu hegen, einander als Beute zu sehen – Beute nicht als Nahrungsquelle, sondern als Voraussetzung zur Befriedigung eines psychologischen Bedürfnisses.

Dieser historische, genetische Fingerabdruck, den wir alle gemeinsam haben, ist der Grund dafür, dass verschiedene Individuen in jeglichen Kulturen und Gesellschaften die Tendenz haben, andere Menschen zu Opfern zu machen. Natürlich handeln die meisten von uns nicht nach dieser Devise – sonst gäbe es wahrscheinlich völlige zivile Unordnung und Anarchie –, aber einige nähren damit ihre Impulse und machen es sich zu ihrem Zeitvertreib oder in einigen Fällen gar zu ihrem Beruf.

Bret Easton Ellis' furchterregender Roman *American Psycho*, der später ebenfalls verfilmt wurde, untersucht in blutrünstiger Genauigkeit, wie einige Menschen einen echten Geschmack für und eine Sucht danach entwickeln können, anderen Schmerzen zuzufügen. Dies mündet in unerbittlichen psychopathischen Tendenzen und ein Mensch kann fest entschlossen sein, die Zerstörung anderer herbeizuführen. Wir sollten jedoch nicht davon ausgehen, dass dies bei jedem, der nach seinen dunklen Instinkten handelt, unmittelbar der Fall ist; es gibt nicht immer einen physischen Kontext, der diesen Impulsen entspricht. Wir sprechen nicht immer von sexuellem Missbrauch oder Mord, wenn wir von menschlichen Raubtieren sprechen. Dieses kriminelle Verhalten kann sich auch in weniger blutigen Konzepten wie Betrug, Täuschung und Ausbeutung äußern, wie wir in den kommenden Kapiteln sehen werden.

In den meisten Fällen hat das missbräuchliche Verhalten nach den Leitprinzipien der dunklen Psychologie einen Zweck oder ein bestimmtes Ziel vor Augen. Studien haben jedoch gezeigt, dass nicht alle diese berechnenden Menschen einen bestimmten Grund für das, was sie tun, haben – Gründe, wie zum Beispiel Macht, materieller Gewinn, Rache oder sexuelle Befriedigung. Es gibt einen kleinen Prozentsatz von Personen, die nur um der Manipulation willen manipulativ handeln und möglicherweise gibt es keine spezifische Ursache, Erklärung oder Zweck für ihre Taten. Wir werden diesen Gedanken in Kapitel 6 im Kontext von Shakespeares Jago und Othello genauer aufgreifen. Die Schlüsselfrage, die gestellt werden sollte, lautet: Erfahren Manipulatoren eine wesentliche Abkoppelung von der Welt um sie herum? Handeln sie so, wie sie es tun, weil es ihnen an Einfühlungsvermögen mangelt oder weil sie nicht in der Lage sind, die Tragweite ihres Handelns im Hinblick auf das Wohlergehen anderer zu begreifen?

Im nächsten Kapitel werden wir alle dunklen Persönlichkeiten ausführlicher untersuchen. Wir werden ergründen, was verschiedene Menschen dazu veranlasst, sich in einem pathologischen Ausmaß von Gewalt, Perversion, Demütigung und Boshaftigkeit zu ernähren. Vorerst lässt sich sagen, dass die dunkle Psychologie diese menschlichen Abgründe zu verstehen versucht.

Gut und Böse – Die Offenbarung des Übelsten der menschlichen Natur

Ich möchte Ihnen gerne zwei Studien vorstellen, die sich mit der Frage befassen, wo der Einzelne in Bezug auf Moral steht, insbesondere in Bezug auf die Neigung zu Gut und Böse. Diese werden Ihnen helfen, die Komplexität des Themas, das wir untersuchen, besser zu verstehen.

1) **Das radikal Böse**. Im ersten Kapitel habe ich den deutschen Philosophen Immanuel Kant und seinen Glauben an moralische Integrität erwähnt. Wir werden nun etwas tiefer in sein Denken einsteigen. In den ersten beiden Kapiteln seiner Schrift *Die Religion innerhalb der Grenzen der bloßen Vernunft*, die 1793 veröffentlicht wurde, beschreibt er ausführlich, was seiner Ansicht nach das Böse ausmacht. Er stellt fest, dass Gehorsam gegenüber dem moralischen Gesetz nicht automatisch ist, obwohl wir alle mit einer Veranlagung zum Guten geboren werden, und er behauptet, dass diese Veranlagung schwanken kann.

Es ist seine Überzeugung, dass wir drei Kern- oder Grundaspekte dessen haben, was uns als Person konstituiert. Diese sind:

A. *Persönlichkeit*, die von rationalem Denken, Verständnis und Verstand angetrieben wird.

B. *Tierheit*, die unseren Sexualtrieb, Überlebensinstinkte, Selbsterhaltung und soziale Fähigkeiten ausmacht. Er erkannte, dass dieser Aspekt unseres Seins oft durch Lust oder Appetit beschämend erniedrigt werden kann, aber er sah darin nicht unbedingt einen Grund für unser Verderben.

C. *Menschheit*, welche sich durch einen berechnenden, ehrgeizigen und eifernden Impuls auszeichnet.

Kant argumentierte, dass Böses entsteht, wenn dieses Grundprinzip korrumpiert wird, weil Egoismus, Konkurrenzdenken und Eigenliebe gedeihen. Er wies darauf hin, dass Selbstachtung nicht notwendigerweise eine schlechte Sache ist, wenn sie mit der Sorge um unser Wohlergehen zusammenhängt, aber sie kann zu Arroganz führen, wenn egoistische Wünsche dominieren.

Der Nährboden für dieses korrumpierte Prinzip ist die allgemeine Gesellschaft, in der wir aus der Nähe beobachten können, dass es anderen Menschen viel besser zu gehen scheint als uns. Ist dieser Kernaspekt unseres Seins erst einmal befallen – was nach Kant sowohl eine selbstverschuldete Entscheidung als auch ein angeborener Impuls in uns ist –, kommt es zu einer initiierten Unwilligkeit, sich an Moralvorstellungen zu halten, und schließlich zum Versagen, diese zu befolgen.

Diese Neigung, sich für uns selbst einzusetzen, korrumpiert jedes andere Verhalten und führt zu Verdorbenheit, bei der die Vorlieben des Einzelnen an erster Stelle stehen und er andere Menschen als Marionetten für seine Begehrlichkeiten einsetzt. Sie ist die Quelle allen anderen Fehlverhaltens und wird als **radikales Böses** bezeichnet. Durch diese Neigung wird schließlich der ganze Charakter einer Person befleckt. Was Kant betrifft, so gab es keine Abstufung – ein Mensch war entweder ganz und gar gut oder ganz und gar böse.

Er bot jedoch eine gewisse Hoffnung. Kant hat unmissverständlich gesagt, dass jeder einzelne Mensch für seine eigene Sündhaftigkeit verantwortlich ist. Dies steht in direktem Kontrast zum allgemein verbreiteten katholischen Glauben an die alles durchdringende Erbsünde – die von Adam und Eva über die gesamte Menschheit gebracht wurde – und zum eher vorherbestimmten Denken einiger von Kants Mitprotestanten, die sagten, Gott habe einige Seelen bereits für die Erlösung und andere für die Verdammnis vorherbestimmt.

Kant glaubte, dass das Böse rückgängig gemacht werden könne und rief korrumpierte Individuen auf, sich einer Revolution zu unterziehen. Diese Revolution war, einfach ausgedrückt, ein bedeutender Sinneswandel innerhalb des Selbst hin zur Tugend und eine vollständige Umstrukturierung der Prioritäten durch angewandtes Bemühen und engagierte Beharrlichkeit. Theoretisch würden diese Praktiken den Charakter reformieren helfen.

Seine Philosophie bot die Möglichkeit, sich dafür zu entscheiden, gut zu sein. Menschen mit guter Moral können sich für die Heiligkeit als regierende Maxime entscheiden. Alle ihre Handlungen, Gedanken und Beziehungen würden dann von diesem Prinzip beherrscht werden und mit ihm im Einklang bleiben. Dies beseitigt das Laster und verhindert, dass Individuen in alte, schlechte Gewohnheiten zurückfallen.

Es war Kants feste Hoffnung und Überzeugung, dass wir alle als Teil eines ethischen Gemeinwesens des Gottesreichs auf Erden als moralische Akteure handeln können. Diese Veränderung war seine Lösung zur Bekämpfung der Finsternis.

2) **Der D-Faktor** ist ein weiteres Konzept, das die Neigung, andere zu manipulieren und Unrecht zu tun, behandelt. Im Oktober 2018 veröffentlichten Ingo Zettler, Professor für Psychologie an der Universität Kopenhagen, und seine deutschen Kollegen Morten Moshagen von der Universität Ulm und Benjamin E. Hilbig von der Universität Koblenz-Landau ihre Forschung zu diesem Thema in der *Psychological Review*.

Ihre Ergebnisse veranschaulichen, was sich hinter dunklen Impulsen verbirgt: die Fähigkeit des Individuums zum Bösen. Die Forscher prägten den Begriff des „**dunklen Faktors der Persönlichkeit**" (**D**). Als Inspiration diente die Arbeit des englischen Psychologen Charles Spearman, der seine Studien mit umfangreichen statistischen Analysen untermauerte. Im Jahr 1904 entwickelte er den **g-Faktor**. Er war der Überzeugung, dass es einen Grad allgemeiner Intelligenz bei Individuen gibt, mit anderen Worten, wenn man in einer Art von kognitivem Test brilliert, ist man wahrscheinlich auch in anderen Bereichen stark. Damit leistete er Pionierarbeit auf dem Gebiet der Intelligenz. Zettler schlug vor, dass dasselbe auch auf die Neigung eines Menschen zum Bösen zutreffen könnte. Diese Theorie behauptet, dass die dunklen Aspekte der Persönlichkeit eines Menschen korrelieren.

An über 2500 Personen wurden vier verschiedene Tests durchgeführt, um festzustellen, wie der Einzelne bestimmte Handlungen rechtfertigte oder wie er Schuld und Scham vermied, wenn er seine Interessen vor die Interessen anderer stellte. Auch die Neigung eines Menschen zu Aggression, Konkurrenz, Egoismus und impulsivem Verhalten wurde berücksichtigt, ebenso wie die Frage, wie überlegen er sich im Vergleich zu seinen Mitmenschen fühlte.

Die Hauptmethode der Untersuchung bestand in Fragebögen, in denen Aussagen präsentiert wurden wie: *Ich würde alles sagen, um zu bekommen, was ich will* oder *Ich würde es aufregend finden, Menschen zu verletzen*. Die Versuchspersonen mussten bewerten, inwieweit sie mit diesen Aussagen einverstanden waren oder nicht.

Ziel der Übung war es, das Niveau bestimmter dunkler Persönlichkeitsmerkmale zu messen, die Dr. Paulhus und sein Kollege Kevin M. Williams in ihrer Forschung im Jahr 2002 identifiziert hatten. Zu diesen dunklen Persönlichkeitsmerkmalen gehören unter anderem Eigeninteresse und Sadismus. Die Forscher führten eine statistische Analyse der Ergebnisse durch, um das allgemeine D-Niveau jedes Teilnehmers zu bestimmen. Zettlers Theorie besagt, dass sich diese Eigenschaften bis zu einem gewissen Grad überschneiden und sich um die zentrale Idee von D drehen. Daher drückt sich dieser D-Faktor bei verschiedenen Menschen in unterschiedlichem Maße aus, wobei bestimmte

Eigenschaften je nach Person möglicherweise stärker dominieren.

Diese Forschung liefert uns die erschreckende Hypothese, dass es etwas gibt, das den Schulhof-Tyrannen, den Gelegenheitslügner, den untreuen Partner, den Internet-Troll, den Unternehmensbetrüger und den Mörder verbindet. Anders ausgedrückt: Wenn eine Person Freude daran hat, andere zu manipulieren, dann könnte sie auch zu Sadismus und anderen dunkleren Charaktereigenschaften neigen.

Wenn Sie interessiert sind, können Sie den Test selbst online machen. Wenn Sie mit diesem Buch fortfahren, seien Sie gewarnt – im nächsten Abschnitt werden die Merkmale besprochen, die im Rahmen dieser Studie untersucht wurden.

KAPITEL 3:

Dunkle Persönlichkeitstypen, die wir liebend gerne hassen

Unsere Populärkultur ist in Fernsehprogrammen und Filmen mit aufdringlichen Bösewichten geradezu übersät. Die Wirtschaftsblätter in den Magazinen feiern Firmenmanipulatoren und unser Interesse an Klatsch und Tratsch sorgt dafür, dass wir uns der egozentrischen Unzulänglichkeiten der Prominenz voll bewusst sind. Es scheint, als könne man dem Schatten dunkler Persönlichkeiten nicht entkommen. Wer sind sie und was spornt sie an? In diesem Kapitel möchte ich mir ein wenig Zeit nehmen, um Ihnen dabei zu helfen, das Feindbild und die verschiedenen Eigenschaften, die diese Typen kennzeichnen, kennenzulernen.

Die Reise zum dunklen Mittelpunkt

Wie ich angedeutet habe, kann niemand – weder Dichter, Priester, Polizisten noch Philosophen – entscheiden oder darlegen, ob es einen bestimmenden Faktor dafür gibt, warum Menschen andere manipulieren und wieso einige bösartiger sind als andere.

Es ist dieser Gedanke, der Dr. Paulhus von der University of British Columbia fasziniert. Ich habe bereits im vorigen Kapitel seine Forschungen über die dunkle Psychologie und das Spektrum des menschlichen Verhaltens erörtert. Im Jahre 2002 veröffentlichten er und sein Kollege Williams Ergebnisse, die darauf abzielen, Kernaspekte der Persönlichkeit zu identifizieren und zu benennen. Auf diese möchte ich hier näher eingehen.

Wie ich in Kapitel 2 erwähnt habe, machen sechs Hauptmerkmale die dunkle Persönlichkeit aus: **Egoismus, Eigeninteresse, psychologisches Anspruchsdenken, Böswilligkeit, Sadismus** und **moralische Loslösung**. Mit diesen sechs Merkmalen identifizierten Paulhus und Williams drei Haupttypen: **Narzissmus, Machiavellismus** und **Psychopathie**. Dieses Trio von Merkmalen ist das, was Paulhus als die **Dunkle Triade** bezeichnet.

Sie werden diese Ausdrücke vielleicht auch außerhalb dieses Buches gehört haben, es sind jedoch Begriffe, mit denen oft um sich geworfen wird, ohne dass die Menschen wirklich verstehen, was sie bedeuten. Ich möchte jetzt sorgfältig diese Begriffe durchgehen, Ihnen die Fakten darlegen und emotional konnotierte Ausdrücke wie Monster oder Teufel vermeiden.

Diese dunklen Persönlichkeiten sind sicherlich eine Bedrohung, ganz gleich, wie man versucht, es zu wenden. Vergleiche mit Parasiten oder Vampiren sind gängig, das heißt, sie ernähren sich von Ihnen. Sie dringen in Ihre Sphäre ein – geistig, körperlich, emotional und spirituell – und entziehen Ihnen Ihre Energie. Die Bonuskultur und die belohnungsorientierte Umgebung, in der wir leben, steigern nur ihren Appetit, da sie versuchen, auf Kosten anderer voranzukommen. Wie wir in den Fallstudien in den Kapiteln 5 und 6 sehen werden, sind diese dunklen Persönlichkeiten scheinbar nur um sich selbst besorgt. Was andere denken oder fühlen, spielt keine Rolle, es wird von diesen Persönlichkeitstypen kaum registriert. Andere Standpunkte sind nur eine Belastung, die der Erreichung der eigenen Ziele im Wege steht, was für alle dunklen Persönlichkeiten Vorrang hat.

Zudem neigen sie dazu, bestimmte Eigenschaften zu teilen, wie zum Beispiel Aggressivität, Risikobereitschaft, Drogenmissbrauch, negativen Humor, Depressionen, antisoziales Verhalten und dramatisches Streben nach Aufmerksamkeit, was sich in einer Neigung zur Selbstverletzung äußern kann. Die Wurzel besteht aus dem, was man als Widerstandsfähigkeit gegen Chaos identifiziert hat. Tatsächlich gedeihen diejenigen, die dunkle Charakterzüge aufweisen, in der Regel durch Unordnung, Desorganisation und Durcheinander.

Eine namentliche Auflistung der bekanntesten Gesichter der Geschichte würde viele Manipulatoren, Kontrollsüchtige und dunkle Persönlichkeiten enthalten. Ausgehend von dieser Liste müssten Sie sich wahrscheinlich irgendwo auf der D-Skala einordnen, um sich einen Namen zu machen und sich Gehör zu verschaffen. Vielleicht überrascht es Sie nicht, dass der faschistische Demagoge Adolf Hitler dunkle Persönlichkeitsmerkmale aufwies, aber wären Sie nicht schockiert, wenn Sie erfahren würden, dass auch der Freiheitskämpfer und inspirierende Redner Martin Luther King Jr. solche Züge hatte? Sie würden erwarten, Julius Cäsar, den Eroberer Galliens, auf der Liste zu sehen – aber Diana, Prinzessin von Wales und Prinzessin des Volkes? Auch sie hatte Persönlichkeitsmerkmale, die wir auf dem dunklen Spektrum auffinden können.

Lassen Sie uns diese verschiedenen Merkmale einzeln untersuchen.

Sechs dunkle Züge, die Sie erschaudern lassen

Egoismus, das ist der Impuls, sich selbst auf Kosten anderer an die erste Stelle zu setzen. Das Wort hat eine interessante etymologische Entwicklung genommen, die dazu beiträgt, den psychologischen Einfluss, den es auf uns ausübt, einzukapseln. Es wird aus dem altgriechischen Verb für *sein* gebildet oder genauer gesagt, aus seiner Konjugation in der ersten Person *Ich bin*. Im Lateinischen bedeutet es einfach „ich", während *egoisme* im modernen Französisch *Egoismus* bedeutet.

Seit Jahrtausenden debattieren Philosophen über die wesentliche Notwendigkeit in uns selbst, unsere Identität und unsere Wünsche zu schützen; so funktionieren wir alle auf täglicher Basis.

Sowohl Charles Darwin als auch Sigmund Freud haben ausführlich über dieses Thema geschrieben und dargelegt, wie unsere Wahrnehmung vom „Ich" in uns alles definiert, was wir tun. In gewisser Weise ist der Dienst am Ego eine grundlegende Komponente des menschlichen Überlebens – wenn seine Anforderungen nicht erfüllt werden, können wir nicht gedeihen.

Bei gesunden, ausgeglichenen Individuen, die die konkurrierenden Bedürfnisse oder übergeordneten Ziele der Gemeinschaft um sich herum berücksichtigen, hält sich das Übermaß des Egos in Schach. Probleme entstehen, wenn jemand seine Ziele als vorrangig betrachtet. In der Regel fällt es ihm schwer, die Wünsche oder emotionalen Bedürfnisse anderer zu berücksichtigen. Meistens neigen Menschen mit einem großen Ego dazu, eine Reihe von kurzen, monogamen Beziehungen zu führen: Sie ziehen weiter, wenn die Bedürfnisse des Partners zu anspruchsvoll werden. Ein typischer Ausdruck, der damit in Verbindung gebracht wird, könnte lauten: *Sie hat mich nur runtergezogen, also haben wir uns getrennt* oder *Er hat den Arbeitsplatz verloren und wurde sehr anhänglich, damit wollte ich nichts zu tun haben*. Es geht darum, Unbehagen zu vermeiden und persönliches Glück zu gewährleisten. Schuldgefühle sind oft die Waffe, die von Menschen mit einem großen Ego eingesetzt werden und man kann von ihnen einen völligen Mangel an Engagement erwarten.

Eng verbunden mit diesem Wesenszug ist das **Eigeninteresse**. Das ist dann der Fall, wenn sich das Denken einer Person in erster Linie – wenn nicht gar ausschließlich – auf die Förderung ihrer eigenen sozialen oder finanziellen Stellung konzentriert. Diese Person wird eine Situation nur in Bezug darauf betrachten, was sie daraus gewinnen oder verlieren kann. Das Leben ist so wie das Spiel *Mensch ärgere dich nicht*, in dem solche Menschen gegen andere antreten. In den meisten Fällen kann die betreffende Person oft mit ihren Erfolgen, Leistungen und Besitztümern prahlen oder angeben, weil alles durch ein Prisma des materiellen Gewinns betrachtet wird. Oft hört man sie sagen: *Was springt für mich heraus?* Ein umfassenderes Problem wird in der Regel nur im Hinblick auf die Folgen für den Einzelnen betrachtet, z. B.: *Ihr Auto hatte eine Panne, sie wollte mitfahren, das hat mich fünf Euro Benzin gekostet.* Oder auch: *Es ist cool, dass ich das Projekt bekommen habe, er steht völlig neben sich, seit seine Frau mit dem anderen Kerl durchgebrannt ist.* Der Schmerz anderer Menschen steht nur im Hintergrund und ihre Schwächen können oft zum persönlichen Vorteil ausgenutzt werden.

Die meisten von uns leiden, zumindest bis zu einem gewissen Grad, unter diesen ersten beiden dunklen Zügen. Diese sind unglaublich häufig und machen uns menschlich. In Kapitel 8 werden wir uns eingehender damit befassen, wie wir diese Impulse im Verhältnis zu einer ethischeren Form der Selbstbehauptung und Manipulation mäßigen können. Wenn wir diese selbstsüchtigen Aspekte in uns selbst nicht in den Griff bekommen und ihnen freien Lauf lassen, können sie dazu führen, dass wir andere Menschen als Schachfiguren oder Marionetten betrachten.

Grundsätzlich kann dies auf einen Überlegenheitskomplex hindeuten, der bestimmte Personen zum Glauben verleitet, sie seien besser als andere und verdienten daher eine Sonderbehandlung. Dies wird als **psychologisches Anspruchsdenken** bezeichnet. Manche Menschen – entweder als Folge eines hohen IQ, Reichtums, großer Statur oder als Produkt einer verwöhnten Kindheit – glauben, die Welt schulde ihnen etwas. Das sind die Arten von Menschen, die man oft darüber reden hört, was sie verdienen, was nicht fair ist und was in einer bestimmten Situation hätte geschehen müssen, wenn es Gerechtigkeit gäbe. Häufig hängt Ihnen der Ausdruck *Wie können sie es wagen* auf den Lippen. Oft sind sie ängstlich, ungeduldig oder gereizt, weil sie einer Realität begegnen, die sich weigert, ihren Erwartungen nachzukommen. Enttäuschung ist für diese Menschen zu einer Daseinsart geworden und sie drücken dies unaufhörlich aus.

Passen Sie auf, denn ein Ventil für diese Frustration eines kontrollierenden Persönlichkeitstyps kann oft **Böswilligkeit** sein. Dies entspringt häufig einer tief sitzenden Unsicherheit und dem

Wunsch, andere niederzumachen, so dass diese sich ebenfalls niedergeschlagen und deprimiert fühlen. Manipulatoren mit dunklen Persönlichkeitseigenschaften zeigen immer den boshaften Drang, anderen Menschen durch ihre Worte oder Taten Schaden zuzufügen. Typischerweise lieben sie eine Fehde oder einen erbitterten Zweikampf, da sie die Gelegenheit genießen, andere aus Rachsucht anzugreifen. Die Begriffe Rache und Strafe sind Schlagworte in ihrem Vokabular und sie feiern das Unglück anderer Menschen. So sind sie oft schadenfroh oder lästern über andere. *Der hat bekommen, was er verdient* ist ein übliches Motto und bestimmt die Einstellung solcher Menschen. Erwarten Sie von ihnen nur keine Menschenliebe. Sie neigen dazu, immer wütend und voller Groll zu sein.

Dieser Charakterzug ist eng mit **Sadismus** verbunden. Das ist dann der Fall, wenn eine Person tatsächlich Sinnesfreude empfindet, wenn sie geistiges, emotionales und/oder körperliches Unbehagen bei anderen auslöst oder miterlebt. Diese dunklen Persönlichkeitstypen genießen es, andere Menschen durch körperliche Schmerzen oder durch seelische Qualen und Folter zu demütigen. Dies kann mit Macht und Dominanz zu tun haben oder davon herrühren, dass sie das, was sie als Leere in sich selbst empfinden, ausfüllen möchten. Diese Art von Mensch lebt von Drama und Zwiespältigkeit, zusammen mit Ängsten, Verletzungen und Verärgerung.

Wie bereits festgestellt, wird die weitergehende Auswirkung des Leidens anderer – ihr Schmerz, ihre Verletzung und ihr emotionaler Schaden – selten jemanden mit einer dunklen Persönlichkeit im Inneren berühren. Das liegt daran, dass das Individuum in den meisten Fällen auch unter **moralischer Loslösung** leidet. Diese Persönlichkeitstypen sehen in keiner Ihrer Handlung das Unrecht, das sie begehen. Ob man es nun Sünde oder Unmoral nennt, sie sind unfähig, unethisches Verhalten als verwerflich einzustufen. Von daher handeln sie ohne ein Gefühl von Schuld, Bedauern oder anderen nennenswerten Empfindungen. *Na und?* oder *Es ist nicht meine Schuld* dominieren ihr alltägliches Denken.

Sie übernehmen überhaupt keine Verantwortung, während andere Menschen oder externe Faktoren immer die Schuld daran tragen, was um sie herum geschieht.

Die furchteinflößende Triade: Narzisst, Machiavellist und Psychopath

Im Zentrum dieser dunklen Merkmale identifizierten Paulhus und Williams eine Kombination der drei dunkelsten, toxischsten Merkmale. Sie nannten sie eine Triade, die die negativsten und schädlichsten Aspekte der menschlichen Natur repräsentiert.

Von anderen akademischen Kreisen wurde kritisiert, dass ihre Arbeit die Beschaffenheit des menschlichen Geistes vielleicht zu sehr simplifiziert. Der Vorwurf ist, dass Verallgemeinerungen vorgenommen wurden, die die Persönlichkeit als großes Ganzes darstellten, anstatt einzelne Nuancen hervorzuheben. Einige stellten sogar in Frage, ob Paulhus' Ergebnisse schlüssig sind – in einem Beispiel hinterfragen andere Psychologen, ob die Forschung an einem ausreichend breiten Spektrum von Themen durchgeführt wurde. Wie legitim ihre Methodik auch sein mag, Paulhus und Williams haben uns trotzdem die elementaren Archetypen vorgestellt, die einer dunklen Psychologie zugrunde liegen. Herauskristallisiert stehen sie als Leitprinzipien innerhalb einer kontrollierenden Psyche:

- Eitelkeit
- Gerissenheit
- Aggression

Lassen Sie uns die verschiedenen Typen der Triade durchgehen:

1) *Narzissmus*. Vereinfacht ausgedrückt ist dies der Fall, wenn ein Individuum viel zu viel von sich selbst hält, gewöhnlich in Bezug auf sein Aussehen, seine Leistungen und seine Eigenschaften. Sie kennen diesen Typ – er schaut immer auf sein Spiegelbild im Fenster über Ihre Schulter.

Ihre Eitelkeit und ihr Ego bereiten ihnen Vergnügen auf Kosten anderer. Kontrollierend, hilfsbedürftig und immer hungrig nach Lob und Perfektion sind sie in Beziehungen, Freundschaften und Teamumgebungen in Unternehmen toxisch destruktiv.

Sie haben vielleicht von Narziss gehört, er war ein stolzer Mann der griechischen Mythologie. Künstler waren von ihm fasziniert, vor allem der lateinische Dichter Ovid, der vor über 2000 Jahren über den jungen Jäger schrieb. Narziss dachte, niemand sei gut genug für ihn, niemand könne so bedeutend sein wie er und niemand könne ihm das Wasser reichen. Er hat andere Menschen immer herabgesetzt und sie im Vergleich zu sich selbst kritisiert. Es überrascht nicht, dass dies andere Menschen unglücklich machte und seine Beziehungen waren nicht gerade harmonisch. Eines Tages sah er sein eigenes Spiegelbild und erlebte eine sofortige, alles verzehrende Lust. Es gibt verschiedene Versionen von dem, was ihm als Nächstes widerfuhr, aber keine von ihnen ist glücklich oder erfüllend.

Viele junge Männer und Frauen leiden heute unter einer ähnlichen Tendenz zur Selbstverherrlichung. Dieser Zustand verschlimmert sich mit zunehmendem Alter und das Reich der Fantasie ist sicherlich ihr bevorzugtes Territorium.

Für den Fall, dass Sie sich fragen, wie Sie einen solchen Narzissten erkennen können, sind nachfolgend einige weitere Merkmale beschrieben, die jemanden mit einem hohen Maß an Narzissmus kennzeichnen:

- Sie sind egozentrisch und davon überzeugt, dass ihre Meinung und nicht selten auch ihre Herkunft und ihre Rasse überlegen sind. Dies äußert sich in Arroganz und dem Glauben, dass sie tun können, was sie wollen, weil sie speziell und überlegen sind.

- Ein positives, aber unbegründetes Selbstbild, bei dem sich diese Typen oft als Experten oder Helden in einer bestimmten Situation positionieren, obwohl es dafür keine stichhaltigen Beweise gibt.
- Affirmation ist der Schlüssel. Sie werden „weiche" Taktiken wie Schmeicheleien, Geschenke und emotionale Bestechung anwenden, um Menschen dazu zu bringen, Dinge für sie zu tun. Sie werden auch andere bestrafen oder Selbstlob anwenden, wenn sie glauben, dass sie nicht genug Aufmerksamkeit erhalten.
- Sie beuten die Gutherzigen, Verliebten und Großzügigen aus.
- Sie sind heuchlerisch, deshalb tun sie selten das, was sie anderen raten, weil sie glauben, es gäbe einen Katalog von Regeln für sie selbst und einen anderen für ihre Mitmenschen. Oft kritisieren sie andere genau für das, was sie selbst tun.
- Sie werden versuchen, andere abzuwerten, da niemand in ihren Augen das höchste Maß an Perfektion erreichen kann. Sie können sich auf Objekte der Verachtung fixieren und werden ihre Feinde leidenschaftlich missbrauchen.
- Sie sind überempfindlich gegenüber jeder wahrgenommenen Kritik. Ihr enttäuschtes Gefühl der Anspruchsberechtigung lässt sie oft im Glauben, dass sie ein Opfer sind.
- Eifersucht ist für sie ein Werkzeug und sie lieben es, Menschen dazu zu bringen, gegeneinander um ihre Aufmerksamkeit zu konkurrieren (Vorgesetzte sind darin sehr geschickt). Sie tun gerne so, als seien sie beliebter als sie sind.
- Es ist wahr, dass sie als Publikumslieblinge auftreten. Sie haben oft einen großen Bekanntenkreis, allerdings haben sie selten tiefe Bindungen. Ihr Gefühl der

Freundschaft und des Engagements ist fließend und sie streiten sich ständig mit Menschen.
- In der Regel fühlen sie sich zu gutaussehenden, beliebten Leistungsträgern oder bewundernswerten Menschen hingezogen, die sie in einem guten Licht dastehen lassen würden. Sie hoffen auf Ermutigung und Bestätigung durch diese Menschen.
- Sie langweilen sich leicht, besonders in der Routine.
- Finanzielle Verantwortungslosigkeit durchdringt ihr Leben.
- Es kommt häufig vor, dass Versprechen nicht eingehalten werden. Das Aufschieben und Sich-Herausreden sind zu ihrer zweiten Natur geworden. Narzissten haben ihr Leben auf Lügen und Ausreden aufgebaut und sie versuchen ständig, ihre Versäumnisse zu rechtfertigen.

Kennen Sie jemanden in Ihrem Leben, der sich so verhält? Vielleicht erkennen Sie einen Kollegen oder Freund oder vielleicht sogar Ihren Partner wieder. Nehmen Sie sich in diesem Fall in Acht und fallen Sie nicht auf seine Tricks herein. Dazu werde ich Ihnen in Kapitel 7 weitere Hinweise geben.

Niemand weiß genau, was diesen Zustand hervorruft. Vielleicht rührt es von Gefühlen des Verlassenwerdens und der Unsicherheit in der Kindheit her, wobei das Individuum veranlasst wird, nach Bestätigung zu suchen. Wir können uns nur darauf verlassen, dass Manipulation für Narzissten zu einem Bewältigungsmechanismus wird, da diese Menschen nach der Aufmerksamkeit anderer hungern. Dieses Rampenlicht wird zu ihrem täglichen Brot.

Beispiele, die Sie vielleicht in der Öffentlichkeit wiedererkennen: Narzissten haben im Kontext der Berufswahl eine gewisse Affinität für die kreative Branche und mit Sicherheit können wir einige bekannte Gesichter aus der Musik-, Film- und Reality-TV-Welt als solche identifizieren. Diese Exemplare sind jene, welchen ihren Kollegen bei Preisverleihungen die Show stehlen oder die Divas, die ihren Champagner auf den Grad genau gekühlt im Backstage-Kühlschrank erwarten.

2) **Machiavellismus**. Diese Menschen dürsten mehr nach Macht und materiellem Gewinn als nach irgendetwas anderem. Sie werden List und Kalkül einsetzen, um ihre Wünsche durch rücksichtslose Intrigen und Manipulation von Menschen zu erreichen. *Koste es, was es wolle* könnte diesen Menschen durchaus als Richtschnur dienen.

Dieser Begriff verdankt seinen Namen Niccolò Machiavelli, dem Mann der Renaissance, den ich in Kapitel 1 kurz erwähnt habe. *Der Fürst* wurde 1532 posthum auf der Grundlage seiner Notizen und Schriften von zwanzig Jahren zuvor veröffentlicht. Es handelte sich um eine Studie über Staatskunst und Erfolgsstrategien, die nicht durch konventionelle Moralvorstellungen eingeschränkt waren. Es gibt viele kritische Debatten darüber, ob Machiavelli das, was er schrieb, als Kritik an den Praktiken – als Warnung vor ihnen – beabsichtigte oder ob er als Bewunderer für ihre Anwendung eintrat. Auf jeden Fall wurde *Der Fürst* eines der ersten Selbsthilfebücher darüber, wie man im Geschäftsleben vorankommt.

Machiavelli hat über die Jahrhunderte sicherlich eine schlechte Presse erhalten, wurde in der Populärkultur mit allem Selbstsüchtigen und Diabolischen in Verbindung gebracht und in den Bühnenstücken des elisabethanischen Dramatikers Christopher Marlowe als aus der Hölle aufsteigend dargestellt.

In den 1960er Jahren studierten die Sozialpsychologen Richard Christie und Florence L. Geis die Schriften Machiavellis und fragten dann die Menschen, inwieweit sie bestimmten Aussagen zustimmten oder nicht. Sie benutzten diese Ergebnisse, um an der **machiavellischen Skala** zu arbeiten, die Betrug und Gefühllosigkeit feststellen sollte. Diese Forschung wurde 1970 als **Mach-IV-Test** veröffentlicht und bezeichnet jemanden als hohen oder niedrigen *Mach*, je nachdem, wie nahe er diesem dunklen Kernpersönlichkeitsmerkmal steht.

Zu den Merkmalen des Machiavellismus gehören folgende:

- Wenn jemand das, was er tut, damit rechtfertigt, dass er es will.
- Beträchtliche Ambitionen in Bezug auf Karriere und Macht; sie wollen vorankommen statt nur durchkommen.
- Interessiert an Geld, materiellem Besitz und Statussymbolen im Allgemeinen.
- Äußerlich selbstbewusst.
- Sie arbeiten immer an Plänen und Tricks, um in jeder Situation das zu bekommen, was sie wollen, was normalerweise impliziert, dass sie die Schwachstellen anderer ausnutzen. Menschen werden immer nach ihrem Nutzen und nicht als Individuen beurteilt. Machiavellisten können zum Beispiel Freundschaften schließen, die darauf hinzielen, was ihnen diese Freundschaft bieten könnte, einschließlich der Kontakte oder des Besitzes der anderen Partei.
- Geduld ist ein übergeordneter emotionaler Erkennungsfaktor, da Ungeduld ihre gut durchdachten Pläne gefährden kann. Bekannterweise nannte der 16. japanische Militärführer Tokugawa Ieyasu die Geduld als eine notwendige Eigenschaft, um Freude, Wut, Trauer, Angst und Hass zu unterdrücken, nur dann könnten Ziele erreicht werden. Es ist ähnlich wie die Maxime: Gutes kommt zu denen, die warten.

- Wir werden mehr über diese Flexibilität in den Fallstudien in Kapitel 5 erfahren, aber ein Mensch dieser Kategorie weiß, dass er gelegentlich die Seiten wechseln muss, um sich fließend durchs Leben zu bewegen, ungehindert von vergangenen Verpflichtungen oder Loyalitäten.
- Misstrauen. Jeder könnte jederzeit darauf aus sein, sie zu hintergehen. Wenn das Leben eine Schachpartie wäre, wäre eine machiavellistische Person immer einen Schritt voraus und hätte ihren nächsten Zug und ihre nächste Strategie im Blick.
- Sie glauben, dass Konsequenzen nur Schwächlinge trifft und dass die Moral nur im Weg steht. Ein Mangel an Skrupeln hilft diesen Menschen, Größe zu erlangen, das glauben sie zumindest.
- Emotionen werden als Hindernis für den Erfolg angesehen, daher gilt: je weniger emotionale Verbindungen, desto besser. Das bedeutet, dass es keine echten Partner oder Freunde gibt.
- Andere Menschen sind nur ein Vehikel, um jemandem weit oben auf der Mach-Skala das zu verschaffen, was er oder sie erreichen will.
- Sie studieren und beobachten andere oft. Machiavellistische Menschen sind scharfsinnig, obwohl ihnen die Emotionen anderer Menschen unangenehm sein können, weil letztere die Dinge verkomplizieren und Hindernisse darstellen.
- Sie neigen dazu, die Dinge eher praktisch als fantastisch zu sehen, das heißt jedoch nicht, dass sie nicht lügen und betrügen, wenn es nötig ist.
- Sie tun, was getan werden muss. Als sozial anpassungsfähige Wesen passen sie sich einer Situation so an, dass sie das bekommen, was sie wollen.
- Sie wenden sowohl subtile als auch harte Taktiken an, um ihre Ziele zu erreichen. Sie können zum Beispiel die

Bemühungen anderer Menschen sabotieren, da sie jeden als potenziellen Konkurrenten betrachten.

Beispiele, die Sie vielleicht in der Öffentlichkeit wiedererkennen: Das professionelle und politische Umfeld ist übersät von Menschen mit hohen Machs, vom CEO, der alle Mittel nutzt, um voranzukommen – selbst wenn das bedeutet, dass er seine Freunde abserviert –, bis hin zum politischen Führer, der populistische Ziele verfolgt, um seine Karriere voranzutreiben.

3) **_Psychopathie._** 1941 entwickelte der Psychiater Hervey Cleckley eine Checkliste zur Identifizierung von Personen mit starken psychopathischen Tendenzen und wir täten gut daran, ihr große Aufmerksamkeit zu schenken. Im Wesentlichen sind diese Personen instabil und operieren oft gewalttätig und lebensgefährlich. Wer psychopathische Charakterzüge aufweist, landet mit größerer Wahrscheinlichkeit im Gefängnis als andere Menschen. Im Gegensatz zu Personen mit *soziopathischen* Tendenzen, die sich selbst isolieren und durch antisoziale Praktiken Schaden anrichten würden, überschreiten Personen mit psychopathischen Tendenzen häufiger die Schwelle und locken andere Menschen in ihr Netz, um maximalen Schaden anzurichten. Niemand möchte mit einem dieser kontrollsüchtigen Menschen allein in einem Raum enden, es sei denn, man ist selbst einer.

Diese Tendenz lauert am äußersten Ende der D-Skala, aber sie ist tatsächlich sehr viel stärker verbreitet, als wir vielleicht denken. In den 1970er Jahren führte der kanadische Psychologe Robert D. Hare Cleckleys Studien fort und suchte nach gemeinsamen Merkmalen. Er stellte fest, dass erstaunlich viele CEOs – ganz zu schweigen von Psychologen und Psychiatern – psychopathische Züge aufweisen.

Obwohl die American Psychological Association (APA) dies nicht als eine diagnostizierbare Störung anerkennt, sondern eher als ein Charakteristikum anderer Störungen, gab es in letzter Zeit viele Diskussionen darüber, wodurch Psychopathie verursacht wird.

Sind sie einfach nur böse, wie meine Großmutter zu sagen pflegte, oder ist ihr Zustand die Folge sozialer Konditionierung: Wenn ein Kind in einer besonders rauen, missbräuchlichen oder konkurrenzbetonten Umgebung aufgewachsen ist, entwickelt es wahrscheinlich eine psychopathische Geisteshaltung. Wie ich bereits erwähnt habe, gibt es diejenigen, die genetische Ursachen vermuten. Studien haben gezeigt, dass die Gehirne dieser Menschen anders verdrahtet sind als jene anderer Menschen und dass es eine Trennung zwischen den Neurotransmittern und den emotionalen Rezeptoren in ihren Hirnregionen gibt. Die Bandbreite chemischer Ungleichgewichte und sozialer Konditionierung deutet auf eine Debatte von Veranlagung versus Umwelt hin – als Folge eines Hirntraumas als Kind oder als langfristige Reaktion auf Medikamente. Könnte Psychopathie sogar vererbt werden? Wenn ja, dann stellen sich mehrere ethische Fragen zur Schuldfindung und angemessenen Bestrafung in der Gesellschaft. In diesem Buch geht es uns mehr darum, wie sich Psychopathie manifestiert: die Wirkung und nicht die Ursache.

Sowohl Cleckley als auch Hare beobachteten, dass Psychopathen dazu neigen, wiederkehrende Merkmale aufzuweisen. Dazu gehören:

- Psychopathen sind kaltherzig und kümmern sich nicht um die Gefühle anderer, aber dennoch äußerst charmant. Dieser Charakterzug kann sich in oberflächlichem und scheinheiligem Smalltalk bei geselligen Zusammenkünften manifestieren.

- Trotz des Lächelns haben sie oft eine leblose Stimme und leblose Augen.
- Sie sind schnell bereit, andere zu verurteilen und mit Vorurteilen zu behaften. Sie finden schnell die Schwachstelle der anderen.
- Sie geben anderen die Schuld für ihre eigenen Handlungen und sagen oft Dinge wie *Sie haben mich dazu gebracht*. Entscheidend ist, dass sie keine Reue für ihre eigenen Handlungen zeigen.
- Ebenso gibt es kein Einfühlungsvermögen oder Verständnis für die Notlage anderer Menschen.
- Sie haben narzisstische Impulse zur Selbstverherrlichung.
- Sie benutzen harte Taktiken, um das zu bekommen, was sie wollen, zum Beispiel Drohungen. Sie hetzen und verärgern Menschen auch gerne, gewöhnlich durch körperliche Gewalt und böse Spiele.
- Sowohl als Kind als auch als Erwachsener haben sie Freude daran, andere grausam und sadistisch zu verletzen. So wird z. B. weithin berichtet, dass der Serienmörder Albert de Salvo, auch bekannt als der „Boston Strangler", als Kind Tiere gequält hat.
- Der Psychopath hat unberechenbare Stimmungsschwankungen und neigt zu schlechter Laune. Wenn er sehr wütend wird, dauert es nicht lange, bis er einfach gemein wird.
- Er neigt dazu, sexuell promiskuitiv zu sein, was oft an sadomasochistische Fantasien gekoppelt ist.
- Er ist überzeugend.
- Personen mit starken psychopathischen Tendenzen werden selten ängstlich und kommen auch unter Druck nicht ins Schwitzen. Der umstrittene Neurowissenschaftler Nils Birbaumer nahm 2012 einen Test vor, der ihn zum Schluss führte, dass psychopathisch veranlagte Personen möglicherweise weniger auf Emotionen

eingestellt sind als andere Menschen (weniger Schuld, Scham, Verlegenheit und Angst zeigen).
- Sie haben keine Skrupel, das Gesetz zu brechen; sie können Recht von Unrecht unterscheiden, aber es ist ihnen egal.
- Menschen und Dinge werden als Wegwerfartikel betrachtet. Nichts scheint für sie einen Wert über eine längere Zeit zu haben. Von daher werden Psychopathen selten lange in einem Beruf verweilen.
- Sie zeigen eine hohe Toleranz gegenüber starken Gerüchen und grafischen Darstellungen, die andere Menschen als unangenehm oder abstoßend empfinden könnten.
- Sie handeln impulsiv und ohne langfristige Ziele oder Andeutungen einer Planung für die Zukunft.

Beispiele, die Sie vielleicht aus der Öffentlichkeit kennen: Unsere Kinos und Fernsehbildschirme sind voll von diesen Personen, von *Scar* in *Der König der Löwen* bis hin zum Oscar-würdigen *Joker* und *Johnny* in *The Shining*. Es gibt auch eine Hall of Fame der Psychopathen im wirklichen Leben, voller berühmter Namen, darunter die Gräfin Elizabeth Báthory de Ecsed, die Ungarn im 16. Jahrhundert terrorisierte und die Eitelkeit auf eine neue Ebene brachte, indem sie das Blut ihrer Opfer trank, um deren Jugend zu erlangen; oder der grausame Hamilton Howard Fish, der sich nach einem toten Bruder zu Albert umbenannte. In den 1920er Jahren vergewaltigte und aß Fish seine Opfer und verspottete dann deren Verwandte in sadistischen Briefen. Die Hall of Fame umfasst auch die teuflisch manipulativen Sektenführer Charles Manson aus dem Kalifornien der 1960er Jahre und den wahnhaften Jim Jones, der sich selbst als Gottheit sah und Anhänger um sich scharte, von denen er im Jahr 1978 918 dazu manipulierte, sich selbst das Leben zu nehmen. Vergessen wir nicht zuletzt den gut aussehenden, aber herzlosen Charmeur Ted

Bundy, der trotz extremer Akte der Folter, des Mordes und der Nekrophilie, die mehr als dreißig Opfer forderten, keine Schuldgefühle hatte. Wir könnten auch über den sadomasochistischen, von Fesseln inspirierten BTK-Killer, auch bekannt als Dennis Radar, sprechen, der bis zu seiner Verhaftung im Jahr 2005 mit den Medien spielte und sich mit seinen Gräueltaten brüstete.

Aber genug von diesen berühmten Serienmördern. Ich möchte ihnen nicht zu viel Zeit oder zu viel Aufmerksamkeit widmen, denn diese Mörder haben absichtlich die Dunkelheit aufgesucht. Es gibt nichts Anziehendes, Verlockendes oder Inspirierendes an diesen bösen Menschen. Sie sollen im dunklen Schatten bleiben, denn sie verdienen unsere Aufmerksamkeit nicht mehr.

Es gibt noch sehr viel mehr, was wir in den kommenden Kapiteln gemeinsam zu erforschen haben. Ich habe verschiedene dunkle Persönlichkeiten ausführlich erörtert, als Nächstes werden wir uns damit befassen, wie diese funktionieren.

KAPITEL 4:

Verborgene Künste aufgedeckt - Wie Manipulation funktioniert

Wir alle wissen, dass die Welt ein schrecklicher Ort sein kann und dass es dort draußen üble Menschen gibt, aber dieses Wissen ist völlig nutzlos, wenn wir nicht erkennen können, wo, wie und warum dies alles geschieht. Das Ziel dieses Buches besteht, wie gesagt, darin, Ihnen ein umfassendes Verständnis zu vermitteln, damit Sie nicht den dunklen Machenschaften böswilliger Tyrannen zum Opfer fallen.

In diesem Kapitel werde ich Ihnen unschätzbare Einsichten und Werkzeuge an die Hand geben, damit Sie manipulative Strategien erkennen können. Nur dann werden Sie in der Lage sein, die Ausbeutung zu stoppen oder sie zum Guten einzusetzen, wie ich es in den Kapiteln 7 und 8 weiter ausführen werde. Lassen Sie uns Schritt für Schritt vorgehen.

Wie man das Böse erkennt: Die Kniffe der alten Hasen

Jemand kann eine Reihe von miteinander verbundenen Techniken anwenden, um das zu bekommen, was er von Ihnen will. Ich möchte einen Überblick vermitteln, damit Sie sich dieser überzeugenden Tricks und Techniken bewusst werden können.

1. **Versuchung** kann als wirksame Waffe eingesetzt werden. Nehmen Sie zum Beispiel einen Kollegen, der Hilfe bei einem Bericht braucht. Er weiß, wie sehr Sie Süßigkeiten mögen und taucht vor Ihrer Haustür mit einer ganzen Schüssel voller Brownies und Notizen für diesen Bericht

unter dem Arm auf. Seien Sie sich im Klaren: Sie werden manipuliert, auch wenn es nicht den Anschein hat, als würde er Ihnen körperlich schaden. Was Sie mögen und genießen wird vor Ihnen baumeln gelassen wie eine Karotte vor einem Esel – als Gegenleistung für etwas anderes (ob Sie es ihm geben wollen oder nicht). Ihre Wahl hier ist ziemlich frei und Sie haben schlussendlich etwas von der Situation, es sei denn, Sie kommen aus irgendeinem Grund nicht dazu, die Brownies zu essen.

2. Eng verbunden mit dem ersten Punkt ist **Ausbeutung**. In diesem Fall nutzt jemand das aus, was man als eine Schwäche in Ihnen betrachten könnte, sei es in Ihren Emotionen, Ihrer finanziellen Situation oder Ihren körperlichen Eigenschaften, und zwar zu seinem eigenen Vorteil oder Gewinn. Gehen Sie nicht immer davon aus, dass wir uns auf schlecht bezahlte Arbeiter beziehen, die unter schrecklichen, ausbeuterischen Bedingungen schuften, wenn wir von Ausbeutung sprechen. Ganz am unteren Ende der Skala befindet sich das Beispiel, das ich in Kapitel 1 über Ihre freundliche Mutter, die für Sie backt, genannt habe. Sie könnten eine Debatte über ihre Situation führen und darüber, ob sie ausgebeutet wird. In jedem Fall aber ist klar, dass aus dem Impuls Ihrer Mutter ein Vorteil für Sie erwächst.

3. **Täuschung** kann auch in verschiedenen Fällen eingesetzt werden. Es kann sein, dass jemand nicht ehrlich über seine Absichten ist, wenn er versucht, Sie dazu zu bringen, etwas zu tun – in Bezug auf eine Sache, bei der Sie sich vielleicht hin- und hergerissen fühlen. Die Kickstarter-Kampagne, für die Sie sich angemeldet haben und die Sie zum Spenden drängt, könnte eine Fassade für betrügerische Aktivitäten sein. Um ein anderes Beispiel zu nennen: Ihr Kind könnte Ihnen erzählen, dass es Geld für den Bus braucht, während es eigentlich plant, das Geld für ein neues T-Shirt zu verwenden.

4. Die Dinge können einen dunkleren Ton annehmen, wenn es um **Druckausübung** geht. In diesem Fall wird von jemandem ungebührlicher Einfluss ausgeübt, damit er sein Ziel erreicht. Es kann scheinbar unschuldig aussehen. Vielleicht werden Sie durch eine tägliche Flut von E-Mails zu einem Skiurlaub mit einem Freund gedrängt, verleitet oder überredet. Er sagt, dass Sie ihn im Stich lassen und ein Angsthase sind, wenn Sie nicht mitfahren. Machen Sie sich keine Illusionen – das ist eine Form von Mobbing. Es kann eine ernsthafte Wendung nehmen, bei der ein gewisses Maß an Einschüchterung oder falscher Schmeichelei im Spiel ist. Druckausübung kann auch ziemlich aggressiv ausfallen: *Sie werden dies tun, nicht wahr?* mit angedeuteten Konsequenzen.

5. **Nötigung** ist ein Aspekt, der noch einen Schritt weiter geht und mit psychologischer Manipulation beginnen und sich zu körperlichem Missbrauch entwickeln kann. Das ist dann der Fall, wenn Sie gezwungen oder bedroht werden, etwas gegen Ihren Willen zu tun. Es kann zu Erpressung oder Gewalt kommen, sodass Sie am Ende keine Wahl haben. Wenn Sie sich in solchen Situationen befinden, sollten Sie natürlich Unterstützung von Polizisten oder Rechtsexperten hinzuziehen.

In allen oben genannten Beispielen – unabhängig von der Beschaffenheit jeder einzelnen Situation – werden die Interessen des Manipulators fast immer vor die Interessen der zu manipulierenden Person gestellt, ungeachtet eines möglichen gegenseitigen Nutzens, den das Opfer wahrnehmen könnte.

Eine Landkarte, die Sie führt: Die spezifischen Tricks, die Sie im Auge behalten müssen

Wie bereits erwähnt, sind wir wahrscheinlich alle irgendwann einmal manipuliert worden, bestimmte Dinge zu tun. Manchmal mag es in unserem eigenen Interesse gewesen sein oder es mag dazu geführt haben, dass wir etwas getan haben, was uns tatsächlich

Spaß gemacht hat. Die Manipulation geht nicht immer auf Kosten anderer, aber leider wird sie noch immer häufig aus finsteren Motiven eingesetzt, wie wir im vorigen Kapitel gesehen haben. Menschen werden zu Spielfiguren anderer und weder Sie noch ich möchten, dass wir uns in dieser Lage befinden.

Hier ist ein acht Punkte umfassender, detaillierter Leitfaden zu den spezifischen Ansätzen und Verhaltensmerkmalen, auf die Sie achten müssen.

1. Schmeichelei

Falsche Komplimente und Aufmerksamkeit sind sowohl süß als auch giftig. Wie der irisch-britische Philosoph Edmund Burke bereits im 18. Jahrhundert bemerkte: *Schmeichelei korrumpiert sowohl den Empfänger als auch den Geber*. Mit anderen Worten: Es kann nichts Gutes dabei herauskommen. In ihren verschiedenen Erscheinungsformen ist sie eine mächtige Waffe im Arsenal des Manipulators.

- **Charme**. Wir können nicht anders, als aus der Deckung zu kommen, wenn jemand höflich ist und kokettiert. Achten Sie auf eine mögliche Täuschung hinter den sanften Manieren und Schmeicheleien. Charme ist die bevorzugte Vorgehensweise der Dunklen Triade.

- **Ego-Boost**. Wenn Ihnen jemand sagt, dass Sie ein Experte, schön und klug sind, werden Sie das mit großer Wahrscheinlichkeit für wahr halten wollen. Wenn man uns diese Dinge sagt, fühlen wir uns auch empfänglich für die Person, die unser Ego so aufpumpt. Menschen, die um Gefälligkeiten bitten, versuchen oft die gleiche Technik und nutzen uns aus, sobald wir uns gut fühlen.

- **Wenn doch nur …** Werbung lebt davon, direkt an unsere Ambitionen und Eitelkeiten zu appellieren. Wir fühlen uns geschmeichelt, dass die Werbung auf uns abzielt, zumindest hoffen wir, dass sie es tut. Wenn die Werbung richtig gemacht wird, werden wir glauben, dass wir in diesem Modell der Jeans auch so toll aussehen werden und dass wir auch so cool sein können wie dieser Schauspieler, der dieses Auto fährt, diese Uhr besitzt oder diesen Duft trägt.

- **Liebesflut**. Diese Waffe ist Schmeichelei Plus. In diesem Fall sagt man uns ständig, wie wunderbar wir sind. Man macht uns Geschenke und gibt uns Belohnungen, wir erhalten Komplimente und werden anderen als Vorbild präsentiert. Diese Aussagen können von einem gerissenen Chef, einem ausbeuterischen Partner, Freunden oder auch Eltern kommen. Das Ergebnis lässt Sie in dem falschen Glauben, dass diese andere Person Sie schätzt und respektiert. Es wäre also nicht weiter schlimm, wenn diese Menschen Sie bitten würden, sich für sie noch mehr Mühe zu geben und natürlich werden Sie das tun – Sie wollen das Lob und haben sich daran gewöhnt. Mehr noch, Sie wollen sie nicht enttäuschen und nicht ihre Achtung verlieren. Machen Sie sich keine Illusionen: Es ist nur ein Trick, damit sie von Ihnen bekommen, was sie wollen.

- **Bekräftigung**. Der Experte auf diesem Gebiet wird Abwertung und Bekräftigung als perfekte List einsetzen. Man wird die Komplimente an Sie zurücknehmen und Sie plötzlich wie eine heiße Kartoffel fallen lassen, nur um Sie kurz darauf voller Lob wieder zu würdigen. Wenn man solche Spiele mit Ihnen spielt, können Sie sich nur nach Aufmerksamkeit sehnen und zu Wachs in den Händen des Manipulators werden. Wie ein Süchtiger werden Sie alles tun, um sicherzustellen, dass Sie Ihre Schmeicheleien und Anerkennungen bekommen.

- **Loyalität und Partnerschaft**. Politiker, Marketingleiter und Verkäufer lieben es, so zu tun, als wären sie auf unserer Seite. Sie studieren die Linguistik und verwenden Umgangssprache und Jargon, die uns glauben machen, dass sie einer von uns sind und passen ihre Körpersprache an, um zugänglich zu wirken. Sie wollen, dass wir denken, sie seien unsere Kumpel. Falsche Freunde und betrügerische Arbeitskollegen könnten sagen, sie stehen hinter uns, nur um uns hinter unserem Rücken schlecht zu machen. Wenn wir glauben, dass wir die Unterstützung von jemandem haben, sind wir eher dazu geneigt, ihm zu vertrauen. Als Folge davon geben wir ihm, worum er bittet.

2. Lügen

Jene, die uns zu täuschen suchen, werden nicht ehrlich mit uns sein. Darauf können Sie sich verlassen. Sie werden:

- Die Fakten zu ihren Gunsten verdrehen.
- Informationen vorenthalten und ihr eigenes Fehlverhalten vertuschen.
- Nicht mit der ganzen Wahrheit herausrücken.
- Jegliches mutmaßliche Fehlverhalten von sich weisen.
- Sich in Widersprüche verstricken, da Sie im Netz Ihrer eigenen Lügen und Ungereimtheiten den Überblick verlieren.

Vielleicht tun sie dies als automatische Überlebenstechnik, um einer Aufdeckung ihrer Machenschaften zu entgehen oder sie wenden absichtlich Unehrlichkeit an und kalkulieren, dass diese Sie verunsichern wird. Manipulatoren rechnen damit, dass Sie im Nachteil sind und nicht wissen, wie die Dinge wirklich stehen, sodass Sie leichter zu manipulieren sind.

3. Desorientierung

Im Kampf ist es entscheidend, den Gegner zu täuschen. Warum sollte in der dunklen Welt der Manipulation irgendetwas anders sein? Diese Taktik der Verwirrung und Täuschung gibt es in vielen Formen:

- **Nichteinhaltung der Spielregeln.** Vielleicht hat man Ihnen gesagt, dass, wenn Sie etwas tun, es ein bestimmtes

Ergebnis gibt, aber sobald es getan ist, taucht ein weiteres Ziel am Horizont auf. Ein Paradebeispiel ist der Chef, der Ihnen sagt, dass Sie befördert werden, wenn Sie auf Ihren Urlaub verzichten, um ein Projekt abzuschließen. Ein anderes Beispiel ist der On- und Off-Partner, der sagt, dass er eine feste Beziehung eingeht, sobald Sie beide einen festen Job haben, dann aber auf anderen Kriterien besteht, wenn die Zeit gekommen ist. Dies sind nur einige Beispiele dafür, dass jemand die Spielregeln nach Belieben ändert. In diesen Fällen warten Sie ständig auf etwas, das nie geliefert wird und Ihre Geduld und Ihr Optimismus werden missbraucht.

- **Stimmungsschwankungen**. Stimmungsschwankungen können die Folge eines chemischen Ungleichgewichts im Gehirn sein, einige Menschen mit bösen Absichten können ihr sprunghaftes Verhalten jedoch absichtlich so anpassen, dass Sie aus dem Gleichgewicht geraten. Wenn jemand an einem Tag im ganzen Gesicht strahlt und am nächsten Tag mürrisch gelaunt ist, kann es leicht passieren, dass Sie ängstlicher werden und sich nach seiner Schokoladenseite sehnen. Und schon ist es einfacher geworden, Sie zu kontrollieren.

- **Schuldzuweisung**. Wenn Sie denken, dass jemand im Unrecht ist, dreht er das Ganze um und behauptet, dass Sie derjenige sind, der etwas falsch gemacht hat. *Du bist so herrschsüchtig*, wird er vielleicht sagen, wenn Sie gerade merken, dass er Sie herumkommandiert. Das Ergebnis ist, dass Sie weder links von rechts, noch oben von unten unterscheiden können. Mehr noch, wenn Sie anfangen, sich zu verteidigen, kann der Manipulator sich selbst einer kritischen Betrachtung entziehen. Clever, nicht wahr?

- **Switcheroo**. Diese Technik geht in die gleiche Richtung wie die obige und beinhaltet das Kritisieren anderer für die Fehler, die der Manipulator selbst begangen hat. *Er ist ein* *solcher Lügner*, werden Lügner sagen. *Lügen ist so schrecklich, hüten Sie sich vor den Leuten, die es tun!* Der Effekt ist, dass Sie dieser Person psychologisch vertrauen. Sie glauben, dass sie nicht so unverschämt und heuchlerisch sein kann, genau das zu beanstanden, was sie selbst tut, nicht wahr? Die Antwort ist: Doch, das kann sie. Wir werden mehr von diesem Konzept in unseren Fallstudien später in den Kapiteln 5 und 6 sehen.

- **Den Spieß umdrehen**. Das ist sehr hinterhältig, denn eine vollständige Umkehrung der Situation kann den Übeltäter als den Geschädigten erscheinen lassen, wobei der tatsächlich Geschädigte dann als Übeltäter erscheint. Es ist eine besonders toxische Technik, bei der die Schuld für böswillige Handlungen dem Opfer angelastet wird, oft mit dem selbstmitleidigen Geheul: *Es ist alles deine Schuld*.

- **Das Unschuldslamm spielen**. Haben Sie jemanden sagen hören: *Wer, ich? Wie kannst du das jemals denken? Das würde ich nie tun!* Wenn ja, ist es mehr als wahrscheinlich, dass jemand versucht, Sie zu manipulieren. Echte Unschuld erfordert selten einen Protest im Namen der Unschuld. Ambivalente Protagonisten genießen es, Gegenbeweise zu widerlegen, indem sie auf ihrer Version der Tatsachen bestehen, zeigen sich schockiert, dass Sie ihre Moral in Frage stellen, und beharren darauf, dass sie niemals Unrecht tun könnten. Es läuft darauf hinaus, dass Sie nicht anders können, als Ihr eigenes Urteil in Frage zu stellen.

- **Die Opferrolle einnehmen**. Vielleicht geht der Manipulator noch einen Schritt weiter und gibt stattdessen vor, das Opfer gewesen zu sein. Darauf sind wir in Kapitel 3 eingegangen – ein aufdringlicher Partner könnte sagen, dass er sich bei der Arbeit unter Druck gesetzt fühlt, und aus Sympathie könnten Sie in anderen Bereichen auf alle seine

Bedürfnisse eingehen. Wenn ein Freund, der seinen eigenen Worten nach pleite ist, am Abend über sein Pech spricht, werden Sie bald feststellen, dass Sie alle Getränke bezahlen, ohne auch nur zweimal darüber nachzudenken.

- **Schuldzuweisung**. Eine Erweiterung der bisherigen Taktik – ein Instrument, das von Wohltätigkeitsorganisationen, missbräuchlichen Partnern und sogenannten Freunden gleichermaßen häufig eingesetzt wird. Es ist eine Form der emotionalen Erpressung. Wenn wir uns für etwas verantwortlich fühlen oder ein schlechtes Gewissen haben, tun wir eher das, worum uns jemand bittet. Nur wenige von uns wollen sich egoistisch oder ohne Mitgefühl zeigen. *Sehen Sie sich das an, ist das nicht schrecklich? Sie haben die Macht, es in Ordnung zu bringen, warum tun Sie es also nicht?* Es wurde ein Problem kreiert, für welches wir die Lösung sind und unser Unwille, die „Situation" zu beheben, bedeutet, dass ihr Fortbestehen unsere Schuld ist. Ein weiterer Klassiker im Kanon lautet: *Warum tust du das nicht? Liegt dir nichts an mir? Ich tue immer alles für dich!* Diese Aussage drängt Sie in die Ecke und zwingt Sie förmlich zu wählen: Entweder Sie beugen sich dem Willen der Person oder Sie werden mit Ihren Schuldgefühlen konfrontiert.

- **Minimierung**. Menschen, die versuchen, Sie zu täuschen, minimieren oft die Auswirkungen ihrer Handlungen. Sie äußern vielleicht, dass etwas Ihren Wünschen nicht entspricht und Sie sich nicht damit zufriedengeben. Die klassische Reaktion der Manipulatoren wäre, Ihr Anliegen herunterzuspielen. Man lässt Sie glauben, Sie seien hysterisch oder unvernünftig, und werden so unter Druck gesetzt, das Inakzeptable zu akzeptieren.

- **Den Spaßvogel herauslassen**. Wer hat nicht schon abweisend auf eine fragwürdige Forderung reagiert, nur um sich dann sagen zu lassen, dass er oder sie überreagiert und keinen Sinn für Humor hat? *Ich mache doch nur Spaß* ist die eingeübte Reaktion böswilliger Persönlichkeitstypen. Erfahrene Manipulatoren könnten absichtlich verwirrend, närrisch oder bizarr handeln, um Sie aus der Spur zu bringen oder aber dazu, Ihr eigenes Urteilsvermögen in Frage zu stellen – und so führen sie uns zum nächsten gefährlichen Punkt.

- **Gaslighting.** Zweifel zu schüren ist ein Maschinengewehr in den Händen von Manipulatoren. Sie wollen, dass man in Zweifel stellt, was wahr ist und was nicht. Ihr Gedächtnis und Ihr Urteilsvermögen werden in Frage gestellt und wenn diese Zweifel erst einmal Wurzeln geschlagen haben, werden sie schwer abzuschütteln sein. *Du bildest dir das nur ein* schwirrt häufig in der Gegend herum, oder: *Du hast versprochen, das zu machen, wieso behauptest du jetzt also das Gegenteil?* Die Technik ist tödlich. Im Extremfall kann die Person, die Sie manipuliert, sogar Ihre geistige Gesundheit aus dem Gleichgewicht bringen und Sie in Bezug auf die Realität verunsichern. Falls Sie neugierig sind, woher der Ausdruck Gaslighting kommt: Er stammt aus dem Theaterstück *Gaslight*, das in den 1930er Jahren vom britischen Autor Patrick Hamilton geschrieben und später mit Ingrid Bergman erfolgreich verfilmt wurde. Darin treibt ein ruchloser und verbrecherischer Ehemann auf dem Dachboden sein Unwesen und lässt die Gaslichter in seiner Wohnung unten flackern. Als seine Frau Zeugin dieses Phänomens wird, überzeugt er sie davon, dass sie verrückt wird.

4. Ablenkung

Trickbetrüger und Zauberer sind oft davon überzeugt, dass das Geheimnis ihres Erfolgs darin besteht, das Publikum dazu zu bringen, in die falsche Richtung zu schauen. Auf diese Weise wird der subtile Taschenspielertrick nicht bemerkt. Die Täuschung kann unentdeckt bleiben, während sie sich der Verantwortung entziehen. Erwarten Sie, dass Sie analog dazu Folgendes finden werden:

- **Verlagerung der Verantwortung.** Das ist eine Taktik, die Sie recht häufig sehen werden. In meinem Fall wollte ich eine Beschwerde über unzureichenden Service vorbringen, erhielt aber die Antwort: *Ich würde Ihnen gerne helfen, aber so lauten die Regeln.* Oder aber: *Mein Vorgesetzter sagt, so müsse man es machen.* Misshandelnde Partner können ihr unsoziales Verhalten auf eine Reihe von Faktoren zurückführen: Alkohol, Depressionen und Müdigkeit, um nur einige zu nennen. Wenn Sie die Geschichte schlucken und zulassen, dass sie die Verantwortung von sich selbst weg verlagern, dann lassen Sie sich täuschen und ausnutzen.

- **Ausreden**. Lassen Sie sich davon nicht täuschen, denn missbräuchliche Menschen werden oft versuchen, ihr Fehlverhalten als normal darzustellen. Sie bestehen darauf, dass ihr Verhalten akzeptabel ist, damit sie die Illusion schaffen können, dass dem so sei.

- **Vorwürfe machen**. Wenn Sie jemanden wegen seines Fehlverhaltens zur Rede stellen, könnte er versuchen, Ihnen vorzuwerfen, Sie hätten alles in den falschen Hals gekriegt. Wie wir in Kapitel 3 besprochen haben, ist die Entgegnung *Wie kannst du es nur wagen?* oft der Ausweg der Unehrlichen, um gerechtfertigte Beschuldigungen abzuwehren.

- **Ausweichen**. Diese Taktik wird oft von Betrügern, Lügnern und Politikern angewandt. Stellen Sie diesen Leuten eine direkte Frage oder treffen Sie einen wunden Punkt, werden sie das Thema wechseln. Sie wollen Sie ablenken oder Sie dazu bringen, das Thema zu vergessen, das Sie ursprünglich angesprochen haben. Sie hoffen natürlich, dass sie der Zwickmühle entkommen können. Wenn Sie also bei der Suche nach einer präzisen Antwort auf vage Kommentare und Verallgemeinerungen stoßen, besteht die Möglichkeit, dass jemand versucht, die Wahrheit zu vermeiden und möglicherweise etwas zu verbergen.

- **Ghosting** oder, wie man es auch nennt, die Bestrafung durch Schweigen, ist eine zerstörerische Taktik. Erlauben Sie mir, Ihnen hier etwas mitzuteilen – ich hatte einmal einen Chef, der buchstäblich verschwand, wenn er etwas nicht beantworten wollte (z. B. eine Bitte um eine Gehaltserhöhung oder eine heikle Angelegenheit, die mit einem Klienten geklärt werden musste). Meine E-Mails blieben unbeantwortet und die Nachrichten, die ich auf seinem Telefon hinterlassen hatte, häuften sich. Ich konnte sehen, dass er noch lebte und aktiv war, weil andere Kollegen auf mysteriöse Weise von ihm gehört hatten. Ich war verwirrt, ängstlich und überzeugt, dass ich etwas getan hatte, was ihn gekränkt haben musste. Irgendwann ließ ich das Thema einfach fallen und er konnte seinen Willen durchsetzen.

- **Versprechen von Veränderung.** Diese können oft von denjenigen gemacht werden, die sich eines toxischen Verhaltens schuldig gemacht haben, wenn sie den Machtkampf auf einen anderen Tag verschieben. Es ist ähnlich wie das Missachten der Spielregeln, da Versprechungen gemacht werden. In Wirklichkeit entmächtigt Sie der Manipulator, indem er vorgibt, Ihre Sorgen zu hören und infolgedessen eine (falsche) Lösung anbietet. In den meisten Fällen kommt diese Veränderung nie.

- **Passive Aggression**. Seien wir ehrlich – die meisten von uns haben dies entweder bereits getan oder sind in irgendeiner Weise damit konfrontiert worden. Es ist die Kunst, so zu tun, als wolle man etwas gar nicht oder strebe kein bestimmtes Endergebnis an, und sich so zu verhalten, als sei man nicht daran interessiert. Es kann auch die bewusste

Taktik sein, sich einem Wunsch mit indirekten Mitteln zu nähern: Ein Freund, der immer zu spät kommt, kann zum Beispiel „subtil" versuchen, seine Kontrolle und sein Gefühl der Wichtigkeit auszuüben.

5. Unterminierung

Eine perfekte Taktik böswilliger Persönlichkeitstypen besteht darin, ihr Opfer auf jede erdenkliche Weise zu schwächen, indem sie ihre eigene Macht, Kraft und vermeintliche Überlegenheit ausüben.

- **Aggression**. Die Aggression und Wut eines anderen kann einen oft zur Unterwerfung zwingen. Diese Mobbing-Taktik stellt sicher, dass Sie tun, was ihr Drangsalierer will, und sie ist Teil des Drucks und der Nötigung, die ich im vorigen Kapitel angesprochen habe. Angesichts solcher Lautstärke und Wut ist es nicht immer leicht für Sie, Einwände zu erheben.

- **Bestrafung**. Diese Taktik kann in Form von physischer Gewalt oder Drohungen erfolgen, mit dem Ziel, Sie zu schwächen.

- **Erpressung**. Vielleicht werden Sie mit der Enthüllung eines Geheimnisses oder der Androhung von Verletzung geliebter Menschen in eine Sackgasse gedrängt. Wenn dies der Fall ist, vergessen Sie nicht, dass dies eine illegale Aktivität ist. Wie groß Ihr Geheimnis auch sein mag, niemand hat das Recht, auf diese Weise seinen Einfluss auf Sie auszuüben.

- **Bestechung**. Dies ist Teil der Versuchung, mit der wir uns früher in diesem Kapitel befasst haben. Belohnungen wie Sex oder andere Genüsse werden Ihnen vor Augen gehalten oder als Waffe eingesetzt. Was auch immer die genaue Situation ist, das allgemeine Motto lautet: *Wenn Sie stattdessen X tun, müssen Sie Y nicht tun.*

- **Eingebildete Ängste**. Das ist ein großes Thema für Politiker. *Wählen Sie nicht diese Partei, sonst passiert X* oder *Vorsicht vor Ausländern* werden Sie proklamieren. Bald akzeptieren wir alles, was sie sagen, denn wir sehnen uns nach Sicherheit und Geborgenheit. Seien Sie gewarnt: Auch Eltern und Partner können dieses Kontrollinstrument nutzen.

- **Sarkasmus**. Hat Ihr Chef oder Partner Sie jemals vor anderen herabgesetzt? Hat er als Reaktion auf Ihre Handlungen oder Kommentare sarkastische Bemerkungen gemacht? Wenn ja, versucht er womöglich, Ihr Selbstwertgefühl zu untergraben. Das ist eine klassische Kontrolltechnik, um geistreich, stark und allwissend auszusehen. Wenn Sie sich wertlos fühlen, könnten Sie versucht sein, ihm zu glauben und schließlich werden Sie seine Meinung immer für richtig halten.

- **Übertreibungen**. Von Übertreibung sprechen wir, wenn Ihre Ansichten absichtlich falsch dargestellt werden, um sie absurd erscheinen zu lassen. Es ist ein Trick, um Sie als irrational zu porträtieren. Vielleicht haben Sie eine kleine Beschwerde oder einen Verdacht, welche dann von der Person, die Sie beschuldigt, verdreht und übertrieben dargestellt wird. Stellen Sie sich zum Beispiel vor, dass Ihr Partner oft spät abends nach Hause kommt, ein bisschen schlecht drauf ist und sie ihn deshalb fragen, was er gerade macht. Es ist eine normale und natürliche Reaktion, aber er könnte es absichtlich übertrieben darstellen, indem er Ihnen Paranoia vorwirft und sie beschuldigt, ihn für vernachlässigend zu halten: *Was? Willst du damit sagen, dass ich kurz davor bin, wegzulaufen und dich zu verlassen, damit ich mir ein Drogenimperium aufbauen kann?* Am Ende klingt es so, als seien Sie lächerlich rübergekommen.

- **Verleumdungen**. Unangenehme Menschen versuchen oft, den Namen einer anderen Person zu beschmutzen, um diese schlechtzureden und sie als potenziellen Gegner aus dem Weg zu schaffen. Es ist ein Versuch, sich einen Vorteil gegenüber der anderen Person zu verschaffen.

- **Erst Furcht, dann Erleichterung**. Hier gibt es Ähnlichkeiten zu der von mir bereits erwähnten Affirmations-Strategie, bei welcher Lob ausgesprochen, dann wieder zurückgenommen und anschließend wieder neu gegeben wird. In diesem Fall kann jemand versuchen, Sie absichtlich zu erschrecken – vielleicht zusammen mit einem Komplizen –, nur um Ihnen danach Beruhigung und Unterstützung zu bieten. Psychologisch gesehen werden Sie sich nach dem Schreckenserlebnis nach Sicherheit und Geborgenheit sehnen und Ihre Fähigkeit, ausgewogene Entscheidungen zu treffen, wird beeinträchtigt. Diese Situation macht Sie viel formbarer.

- **Isolation**. Misshandelnde Menschen werden oft versuchen, Sie von Freunden und Familie fernzuhalten. Sind Sie auf Wunsch eines anderen aus Ihrer Nachbarschaft weggezogen? Bleiben Sie lieber mit Ihrem Partner zu Hause als sich mit Freunden zu treffen, weil er lieber Zeit mit Ihnen allein verbringt? Seien Sie gewarnt: Sie sind allein schwächer und leichter zu kontrollieren, wie wir in den Fallstudien in Kapitel 6 sehen werden.

6. Überforderung

Jeder Manipulator möchte, dass Ihnen unwohl ist. Wenn Sie sich unter Druck gesetzt oder überfordert fühlen, sind Sie leichter zu täuschen. Achten Sie auf Folgendes:

- **Fachjargon**. Verkäufer oder dubiose Handwerker geben sich oft gerne als Experten aus, die schnell sprechen und komplizierte Wörter verwenden. Wenn Sie sich angesichts ihrer scheinbaren Kompetenz klein und unwissend fühlen, bedeutet das, dass Sie eher akzeptieren, was sie sagen.

- **Statistik.** Nehmen Sie sich immer vor einem Balkendiagramm in Acht. Umfragen sind nur wenig besser und Politiker und Marketingleute können sie so verfälschen, dass sie das aussagen, was sie wollen. Es ist wichtig, sich nicht von ihnen beeinflussen zu lassen.

- **Vergleiche.** Es ist üblich, sich sagen zu lassen, dass man auf eine bestimmte Art und Weise denken soll, weil andere Leute es ebenfalls tun. Es ist eine psychologische Tatsache, dass wir oft davon ausgehen, dass die Mehrheit Recht hat, auch wenn ihre Ansichten von unseren abweichen. Betrüger werden dies zu ihrem Vorteil nutzen – sie erfinden oft Verbündete, um Sie auf ihre Seite zu bringen.

- **Nicht in Ihrer Komfortzone.** Die meisten Betrüger fühlen sich in ihrer gewohnten Umgebung am wohlsten. In einer ungewohnten Umgebung sind Sie im Nachteil und gerade dann müssen Sie am meisten auf der Hut sein.

- **Zeitliche Begrenzung.** Ich habe bemerkt, dass es auf Online-Buchungsplattformen und Einkaufsportalen immer häufiger Countdown-Anzeigen gibt. Damit meine ich die kleine Uhr an der Seite des Bildschirms, die uns beim Stöbern zur Eile mahnt. Es scheint fast so, als würden wir zu nicht erstattungsfähigen Fehlern gedrängt werden. Und wer wurde nicht schon einmal aufgefordert, einen Artikel genau zu diesem Zeitpunkt zu kaufen, weil es der letzte auf Lager ist und das Sonderangebot an diesem Tag abläuft? Wenn wir nervös sind, können wir nicht sehr wachsam sein.

- **Mit dem Strom schwimmen.** Gruppenzwang ist ein bösartiges, aber allgegenwärtiges Problem in der Gesellschaft. Er treibt auf dem Schulhof, im Büro und im Fitnessstudio sein Unwesen und lebt von sozialen Netzwerken und Werbung. Manipulatoren verwenden Standardformulierungen wie: *Alle anderen denken dies/tun das/haben dies/besitzen das, also sollten Sie das auch tun.* So passiert es leicht, die eigenen individuellen Bedürfnisse aus den Augen zu verlieren, weil wir so sehr darauf aus sind, auf den Zug aufzuspringen und Teil der Menge zu sein.

- **Gehirnwäsche**. Das ist nicht nur das Terrain von Science-Fiction und gespenstischen Dystopien. Wir können oft so sehr mit den Ansichten einer Person, einer politischen Partei oder der Meinung der Medien gefüttert werden, dass wir keinen Platz mehr für unsere eigenen Werte haben. Wenn uns etwas oft genug gesagt wird, ohne dass wir eine andere Perspektive kennen, können wir aus den Augen verlieren, wer wir sind und was wir denken, was uns effektiv zu einer leichten Beute macht. Wir werden sehen, wie diese Technik in den Fallstudien in Kapitel 6 mit großer Wirkung eingesetzt wird.

7. Herantasten

Die meisten Manipulatoren sind Meister der emotionalen Intelligenz und setzen sie für finstere Zwecke ein. Damit meine ich, dass sie Folgendes einsetzen:

- Beobachtungen
- Fragen
- Zuhören (das heißt, Sie können zuerst sprechen oder den größten Teil des Redens übernehmen)

Das Ziel dabei ist, dass Sie Ihre Schwächen, Affinitäten und Präferenzen darlegen. Sobald die Manipulatoren sie kennen, können sie sie zu ihrem eigenen Vorteil gegen Sie verwenden.

8. Eskalation

Es kommt recht häufig vor, dass jemand nach und nach immer mehr ausgenutzt wird.

- **Fuß in der Tür**. Ich kann mir vorstellen, dass wir uns alle schon einmal eingeredet haben: *Das ist momentan kein*

Problem und wird nur dann zu einem Problem werden, wenn ich es aus dem Ruder laufen lasse, was nicht passieren wird ... Nur um sich ein paar Monate später umzusehen und festzustellen, dass die Situation tatsächlich eskaliert ist. Geschickte Manipulatoren werden klein anfangen und dann groß enden. Sie hoffen, dass wir uns allmählich akklimatisieren und blind für die Ausbeutung werden, weil wir uns nach und nach daran gewöhnt haben, dass sie uns um Gefälligkeiten beten und Forderungen stellen.

- **Inszenierte Reziprozität**. Waren Sie schon einmal in einer Situation, in der Ihnen jemand einen Gefallen tut und im Gegenzug einen anderen, viel größeren erwartet? Die schrittweise herbeigeführte Gegenseitigkeit ist ein wirklich gemeiner Trick, bei dem jemand etwas verschenkt, um viel mehr zurückzuerhalten.

- **Die Grenzen verschieben**. Dies ist eine andere Form des vorhergehenden Punktes. Um auf ein bekanntes Sprichwort zurückzugreifen: Gib jemandem den kleinen Finger und er will die ganze Hand. Manipulatoren nehmen immer mehr, bis sie gestoppt werden.

Welch ein Katalog von Kalkülen. Wenn sie mit schlechten Absichten eingesetzt werden, ist das alles ein wahres Rezept für Toxizität. Es kann einem leicht der Atem stocken, wenn man über diese Machenschaften liest, dennoch sind es Techniken, die real und direkt in unser Leben verstrickt sind. Sie existieren in unseren Häusern, auf dem Campus, in hohen Staatsämtern, auf den Straßen, auf Plakatwänden und an unseren Arbeitsplätzen. Lesen Sie weiter, um zu sehen, wie sie sich in alltäglichen Beispielen direkt vor unserer Nase manifestieren.

KAPITEL 5:

Bekenntnisse aus dem Sitzungssaal – Unsaubere Geschäftspraktiken im Einsatz

Sie brauchen nur auf Ihren Arbeitsplatz zu schauen, um einige konkrete Beispiele für Manipulation in Aktion zu erkennen. Ich spreche von Mitarbeitern, die vorgeben, Ihnen den Rücken frei zu halten, insgeheim aber schlecht über Sie reden, um Ihren beruflichen Aufstieg zu blockieren und die eigene Beförderung zu erleichtern. Ich spreche auch von gerissenen Vorgesetzten, die anstacheln, schmeicheln und nötigen, um ihre Produktivität und ihren Gewinn zu maximieren.

Um ein Unternehmen erfolgreich zu führen, brauchen Sie sicherlich eine Reihe von Eigenschaften, die Sie von anderen Menschen abheben – dazu gehören einen kühlen Kopf zu bewahren, Charme einzusetzen, Risiken einzugehen und Managementfähigkeiten zu besitzen. Zweifellos muss ein Chef auch mit seiner dunklen Seite in Kontakt stehen.

Es gibt viele Handbücher, in denen man lernen kann, wie man im Geschäftsleben weiterkommt. Entschlossenheit und ausgezeichnete Motivationsfähigkeiten stehen ganz oben auf der Liste dessen, was ein Unternehmer braucht, wenn er aufsteigen will. Bestimmte dunklere Elemente – Rücksichtslosigkeit, Strategie und Überzeugungskraft – sind nicht immer enthalten, und wenn doch, werden sie oft schnell außen vorgelassen. Es sind jedoch genau diese Art von Elementen, die viele Personalvermittler bei der Rekrutierung tatsächlich suchen. Diejenigen, die in der Geschäftswelt rücksichtslos vorgehen, erreichen oft am meisten. Leider sind es die Menschen mit antisozialen Tendenzen, die in einem zielorientierten Umfeld am schnellsten aufsteigen.

Wir werden uns mit einigen Fallstudien befassen, die die Dynamik der Manipulation in einem Geschäftsumfeld genau analysieren. Die erste ist der weitgehend inspirierende, aber nicht weniger skrupellose Steve Jobs, ehemaliger CEO von Apple. Bei der zweiten Fallstudie geht es um einen etwas dunkleren Typus, der vorerst anonym bleiben wird.

Die Höhen des Erfolges – die Taktik eines Genies

Heute ist Apple zu einem der größten und erfolgreichsten Unternehmen der Welt geworden und der Katalysator hinter diesem Erfolg war Steve Jobs. Es ist keine Übertreibung zu sagen, dass er ein sehr mächtiger und geschickter Manipulator war.

Das war nicht immer so – als junger Mann und bei der Gründung des Unternehmens 1976 könnte man argumentieren, dass sein Verhalten eher rücksichtslos war. Seine Egozentrik hatte einen weitgehend selbstzerstörerischen Aspekt, ohne jeglichen Fokus oder Disziplin. Dieser Mann schien sich nicht um die Konsequenzen zu kümmern oder darum, wie offen er die Gefühle der Menschen in seiner Umgebung verletzen konnte. Daher ging er sorglos mit Situationen um und machte sich mächtige Feinde, die ihn später zu Fall brachten, als er unvorbereitet war.

1985 verließ Jobs Apple. Ob die Entscheidung freiwillig war oder ihm aufgezwungen wurde, ist eine subjektive Frage, die Historiker wahrscheinlich noch jahrelang debattieren werden. Was uns hier jedenfalls interessiert, ist seine Rückkehr 1996 und seine erneute Erhebung zum CEO im folgenden Jahr.

Der Wandel in seinem Charakter und in seinen Geschäftstechniken war enorm. Das ist die Art von Entwicklung, über die Autoren von Ratgebern für Unternehmer mehrere Bände schreiben könnten!

Er kehrte mit der perfekten Erfolgsstrategie zurück, als wäre er ein Experte dafür geworden, wie man genau das bekommt, was man will, und wie man Großes erreicht. Wie Sie wahrscheinlich wissen, wurden diese großartigen Dinge auch tatsächlich realisiert!

Einige dieser Praktiken, die Jobs während seines zweiten Einsatzes bei Apple anwandte, weisen eine verblüffende Ähnlichkeit mit den Methoden der archetypischen Manipulatoren auf, die ich im vorigen Kapitel besprochen habe. Sie verkörpern klassische Techniken der Überzeugungsarbeit, des leichten Schikanierens und der Täuschung, kombiniert mit einer enormen Konzentration. Wir werden diese Taktiken jetzt durchgehen, da sie die Strategien eines wahren Genies sind. Ganz gleich, ob man sie als verführerische Kniffe und dunkle Tricks oder als Teil eines brillanten Masterplans bezeichnet, sie waren materiell äußerst erfolgreich, da Apple innerhalb von zehn Jahren nach Jobs Rückkehr zum teuersten Unternehmen der Welt wurde.

Man kann sich fragen, ob Jobs einfach nur er selbst war und reifer handelte als vor 1985 oder ob er sich hinsetzte und einen Fahrplan zur Erreichung seiner Ziele entwarf. Wenn man sich die Präzision und das Ausmaß seiner Leistungen ansieht, ist es wahrscheinlich, Letzteres anzunehmen.

Was war also sein Ansatz? Ich führe Sie durch einen zwanzig Punkte umfassenden, mit Fakten gespickten Leitfaden über das Rezept von Steve Jobs für eine triumphale Leistung:

1. **Harte Arbeit und Respekt**. Wir dürfen nicht die Tatsache ignorieren, dass Steve Jobs im Grunde genommen ein engagierter und zupackender Mensch war. Er war mit Sicherheit nicht der Typ, der die Füße hochlegt und die harte Arbeit anderen überlässt. Jobs war rund um die Uhr engagiert, von früh bis spät. Er schreckte nicht davor zurück, verschiedene Verantwortungen zu übernehmen und war bereit, wenn nötig, mehrere Aufgaben gleichzeitig zu erledigen. Vielleicht lag ihm das ganz natürlich oder aber er wusste, dass dies notwendig war, um sich den Respekt und das Vertrauen anderer zu verdienen. Die Menschen waren

eher bereit, ihm zuzuhören und das zu tun, was er wollte, weil sie ihn als gutes Beispiel betrachteten und bereit waren, selbst über den eigenen Schatten zu springen. Mit diesem Vorbild legte er die Messlatte für seine Mitarbeiter hoch und veranlasste sie, sich ebenso engagiert einzusetzen.

2. **Herausfinden, was keine Wirkung zeigt.** Jobs machte es sich zum Ziel, unbeirrt dorthin zu schauen, wo Geschäftsmodelle, Dienstleistungen und Produkte nicht funktionierten. Er wollte das Wie und Warum des Scheiterns verstehen. Er war ehrlich und offen und sprach Unzulänglichkeiten an. Er versuchte nicht, das Thema zu beschönigen, wenn er der Meinung war, dass ein Produkt nicht erfolgreich, interessant oder effizient genug sei.

3. **Verbesserung und Kreativität.** Sobald ein Problem erkannt wurde, musste es gelöst werden. Manchmal vergisst man leicht, dass die Qualität das Herzstück des Erfolgs von Jobs war. Er war weder ein großer Illusionist noch ein Kaiser ohne Kleider: Er lieferte fantastische Produkte, die den Markt revolutionierten. Er sah Lücken und Mängel und beseitigte sie. Daher bemühte sich Jobs während seines zweiten Einsatzes bei Apple intensiv darum, ein Team zusammenzustellen, das schnellere Startzeiten, einen schnelleren Produkt-Launch und Innovation nach Innovation liefern konnte.

4. **Anpassungsfähig bleiben.** Wir haben dies in Kapitel 3 angesprochen – es ist nicht ganz dasselbe, wie flexibel zu sein, was ein gewisses Maß an Kompromissen und kollegialem Gedankenaustausch nahelegt. Jobs war wohl viel gewandter und gerissener als das! Er versuchte – so ähnlich wie es viele Politiker machen –, sich nicht von dem aufhalten zu lassen, was er zuvor gesagt oder gedacht hatte. Nur weil er in der Vergangenheit etwas kritisiert hatte, bedeutete das nicht, dass er es in der Gegenwart nicht loben

würde, wenn es jetzt seinen Zwecken diente. Er war in der Lage, Positionen nahtlos umzukehren, und nutzte die kurze Aufmerksamkeitsspanne der meisten Menschen aus. Es wäre leicht zu behaupten, dass das, was vorher gesagt wurde, richtig war, aber aufgrund der sich ändernden Umstände wusste er, wann eine andere Position eingenommen werden sollte. Dies war der perfekte Weg, um immer einen Schritt voraus zu sein: sich an Veränderungen anzupassen und aus Erfahrungen zu lernen, ohne schwach zu erscheinen.

5. **Den Eindruck erwecken, immer Recht zu haben**. In Kombination mit dem bisherigen Ansatz war Jobs auch bereit, die Positionen anderer Leute zu übernehmen, wenn es ihm passte. Bei manchen Gelegenheiten schlug er ihnen sogar die Idee von jemandem vor und behauptete, es sei seine Idee, damit er die Lorbeeren einheimsen konnte. Diese Taktik vermittelte anderen nicht nur den Eindruck, dass er immer Recht hatte, sondern zementierte auch seine Stärke und Macht. In der Psychologie gibt es einen Begriff, der als *Source Monitoring* bekannt ist und erklärt, wie wir in unserer Erinnerung oft Informationen speichern, aber möglicherweise scheitern, wenn wir versuchen herauszufinden, woher diese Informationen stammen. Wenn wir beschäftigt sind, ist es ganz natürlich, Informationen zu vergessen, die weniger wichtig erscheinen als die Hauptinformation. Jobs nutzte diese Psychologie zu seinem Vorteil.

6. **Keine Kompromisse eingehen**. Wie ich bereits erwähnt habe, hat Jobs genau das getan. Er verlangte Loyalität und bestand darauf, dass der beste Weg immer sein Weg sei, bis er seine Meinung änderte.

7. **Enthusiasmus**. Was Jobs betraf, gab es keine halben Sachen. Diejenigen, die mit ihm arbeiteten, sagten oft, er sei ein bisschen verrückt und voll dabei. Er genoss es, mit In-

vestoren oder potenziellen Kunden ausführlich über Produkte zu sprechen, was er *Pitching mit Leidenschaft* nannte. Es ist schwer, sich von einer solchen Energie nicht begeistern zu lassen; es ist leicht, sich mitreißen zu lassen, weil man will, dass eine so dynamische Vision Resultate erzielt. Die halbe Miete bestand darin, Herzen und Köpfe im Sturm zu erobern.

8. **Optimismus**. Enthusiasmus ist zum Teil auch das Leitprinzip, um eine positive Sicht auf die Zukunft beizubehalten. Es scheint eine allgemeingültige Wahrheit zu sein, dass Menschen schlechte Nachrichten nicht gerne hören. Wenn Sie also eine positive Sichtweise schaffen, werden die Menschen den Wunsch hegen, Sie anzuhören und Ihnen zu glauben. Jobs war ein Meister in dieser Taktik.

9. **Reden**. Unter Berücksichtigung des vorhergehenden Punktes machte sich Jobs auch die Idee des *Talking-up* zu eigen. Er warb oft für sich selbst, genauso wie für das, was er verkaufen wollte, ob es nun ein Produkt, eine Dienstleistung, eine Idee oder eine Vision war. Dann wiederholte er diese Botschaft. Gustave Le Bon nannte diese Technik *Mob-Steering*!

10. **Überdurchschnittliches Marketing**. Reden ging Hand in Hand mit seinen erstaunlichen Marketingfähigkeiten. Jobs wusste, dass es entscheidend war, für seine Produkte zu werben – auch wenn er sie kritisiert hatte, als er nicht bei Apple war – und diese Botschaft so schnell und so weit wie möglich zu verbreiten, und zwar so einfallsreich wie möglich.

11. **Kreative Werbung**. Neben außergewöhnlichem Marketing wusste Jobs, dass er auch einprägsame und farbenfrohe Werbung benötigen würde. Es ging darum, die Menschen davon zu überzeugen, dass sie Apple-Produkte haben mussten, weil diese Produkte die besten und innovativsten waren.

12. **Wiedererkennungswert der Marke**. Apple florierte nicht nur dank seiner Produkte und seiner Werbung, sondern auch, weil die Menschen die Produkte schnell erkennen konnten. Das Logo ist zum Beispiel zu einer Ikone geworden, die weltweit einen hohen Wiedererkennungswert hat.

13. **Aufbau einer Anhängerschaft**. All diese Werbung und Wiedererkennungsqualitäten haben es Apple ermöglicht, eine Fangemeinde aufzubauen. Dabei geht es nicht nur darum, dass die potenziellen Kunden das Produkt brauchen, es weckt in ihnen ein *Bedürfnis*. Es war – und ist bis zu einem gewissen Grad immer noch – ein positives Image mit einem Apple-Produkt verbunden. Jobs wusste, dass der Reiz des „Haben-Wollens" ein mächtiges Werkzeug war (und immer noch ist).

14. **Abwertung des Gegners**. Jobs wusste auch, dass eine Schwächung seiner Konkurrenten seinem Unternehmen sehr zugutekommen würde. Er benutzte gegenüber Konkurrenten eine heftige emotionale und negative Sprache, was dazu beitrug, eine bestimmte Denkweise zu schaffen und die Leute mit seinen Ideen und Visionen für seine Seite zu gewinnen.

15. **Skrupellosigkeit**. Jobs entließ oft Mitarbeiter, die Hindernisse oder Widerstände für ihn und sein Unternehmen darstellten. Er wollte nichts mit Misserfolg, Zurückhaltung oder irgendeiner Wir-schaffen-das-nicht-Einstellung zu tun haben. Wenn Sie in seiner Umlaufbahn Erfolg haben wollten, mussten Sie das Unternehmen gemäß seiner Weise annehmen.

16. **Nutzen der Machtposition**. Er hatte sicherlich keine Angst davor, diese Strategie anzuwenden. Als er zu Apple zurückkehrte, verfolgte er eine Art *Unterstütze mich oder entlasse mich*-Devise, da er genau wusste, wie wichtig er

für das Unternehmen war. Letztendlich lief es darauf hinaus: *Tu dies oder ich gehe; tu das nicht oder du gehst.* Er übte sicherlich seinen Einfluss und seine kommerzielle Anziehungskraft aus, um das zu bekommen, was er wollte.

17. **Schmeichelei.** Seine Macht ging damit einher, dass er den Menschen die Zustimmung zu geben schien, die sie brauchten, um motiviert und mobilisiert zu sein. Es war diese kokettierende Schmeichelei, von der wir im vorigen Kapitel sprachen – und nein, sie war nicht immer aufrichtig. Er würde weiterhin loben, damit sein Team sich danach sehnte und es erwartete. Wenn sie diese Zustimmung nicht bekamen, waren sie unsicher, weshalb dem so war, sehnten sich nach Bestätigung und suchten nach Wegen, sich die Komplimente wieder zu verdienen, was sie dazu brachte, härter zu arbeiten. Kurz gesagt, jeder wollte sein Freund sein, was für jeden Chef eine mächtige Position ist.

18. **Ausweichstrategien.** Wenn es etwas gab, was Jobs nicht wollte, ignorierte er es und sprach es einfach nicht an. Vielleicht spielte er ein Angsthasenspiel und wartete ab, wer zuerst einknicken würde. Das ist die klassische Technik eines Manipulators und es war auch das Ausweichmanöver, das von meinem früheren Chef bevorzugt wurde, von dem ich vorhin in Kapitel 4 gesprochen habe.

19. **Dem Bauchgefühl folgen.** Jobs sah selten den Wert darin, Forschungsstudien in Auftrag zu geben oder eine Entscheidung hinauszuzögern. Wenn sich etwas richtig anfühlte, ging er darauf ein. Das vermittelte den Eindruck, als wisse er Bescheid und sei ein geborener Experte, dem man folgen wollte.

20. **Das Momentum nutzen.** Trotz gegenteiliger Ratschläge ging er mit Pixar an die Börse, kurz nachdem der Erfolg von Toy Story im Jahr 1995 für Aufsehen gesorgt und die Kassen zum Klingeln gebracht hatte. Dasselbe Gefühl extraordinärer Spontanität brachte er auch zu Apple. Selbst

Zweifler kamen nicht umhin, sein Selbstvertrauen zu bewundern, denn so brachte er die Leute dazu, das zu tun, was er wollte. Es war ein Glücksspiel, aber das Glück begünstigt die Gewinner und er hat den Jackpot geknackt.

Es ist schwer, Jobs Weg zum Ruhm nicht als geplant zu sehen, und Wirtschaftsgurus nehmen sich daran sicherlich ein Beispiel. Wie dem auch sei, die überaus wichtige Erkenntnis, die wir aus der Erfolgsgeschichte von Jobs ziehen können, ist unbestreitbar: Mit Zielen und einem Sinn für Fokussierung kann Manipulation zu bedeutenden Ergebnissen führen.

„Dass einer lächeln kann und immer lächeln und doch ein Schurke sein kann" – Die Insider-Geschichte eines Meistermanipulators

Vielleicht kennen Sie das Zitat in der Überschrift. Es stammt aus William Shakespeares ikonischem Stück *Hamlet* und erscheint an dem Punkt, an dem der Protagonist, der Prinz von Dänemark, erkennt, dass sein fröhlicher Onkel für den Mord an seinem Vater verantwortlich ist. Es ist ein Ausdruck, der inzwischen perfekt die Fähigkeit eines Menschen beschreibt, sich gefällig zu verhalten und gleichzeitig dunkle und manipulative Taten zu begehen. Ich möchte einen Blick auf eine milliardenschwere Erfolgsgeschichte werfen, eine Person, die diesem Ansatz gefolgt ist und heute zu den mächtigsten Menschen der Welt gehört. Lassen Sie ihn uns aus Gründen der Anonymität B. nennen.

Der Aufstieg von B. ist spektakulär gewesen. Er hat sich von einem bescheidenen Bürohengst zu einem der reichsten und einflussreichsten CEOs der Welt entwickelt, der ein multinationales Unternehmen leitet, das Dienstleistungen und Produkte rund um den Globus anbietet und bei denen der Mensch im Mittelpunkt steht.

Aber wie hat er das geschafft?

Ich gebe Ihnen einen Anhaltspunkt: Es ist das **Bild**, das er von sich selbst geschaffen hat in einer Welt, in der Sein und Schein oft die Substanz übertrumpfen. Er war dabei so erfolgreich, dass man weiß, dass Politiker seinem Beispiel gefolgt sind, was ihre Arbeitsweise und ihr Auftreten betrifft.

Sicher, sein Hintergrund war der eines privilegierten Weißen. Er mag die Elite jetzt in seiner Rolle als Mann des Volkes kritisieren, aber seine eigenen Wurzeln waren ziemlich bequem – die besten Schulen, die besten Vorteile und die größten Chancen waren ihm zu Füßen gelegt worden. Er wurde sicherlich mit einem goldenen Löffel im Mund und mit den richtigen Kontakten, Mitteln und Einflüssen geboren, um es weit nach vorne zu bringen. Dennoch war er immer noch sehr gut darin, seine Spuren auf dem Weg zu verwischen.

Der Erfolg seines Unternehmens gründet darauf, dass er ein Durchschnittsbürger ist: zugänglich, einer von uns und ein Kämpfer gegen Ungerechtigkeit und Ansprüche. Das ist die Rolle, die er spielt, und er sagt uns jetzt, dass Ivy-League-Typen der Feind seien, weil sie den Bezug verloren hätten und sich weder um uns noch um unsere Bedürfnisse kümmerten. Er kritisiert andere Wirtschaftsführer und Unternehmen und sagt, sie haben den Kontakt zur Realität verloren und seien nur dazu bestimmt, den obersten 1 % zu dienen. Sehen Sie, was er da macht? Er wendet die *Switcheroo-Taktik* an, die ich in Kapitel 4 beschrieben habe. Wir alle scheinen bequemerweise zu vergessen, dass B in Wirklichkeit *genau* der Feind ist, den er beschreibt, denn er hat sich geschickt als sein Gegner hingestellt.

Integraler Bestandteil dieser Rolle als netter Durchschnittsbürger ist die Übernahme von Idiomen und **Umgangssprache**, die B in seine Rede einfließen lässt, wann immer er kann, mit einem *buddy* hier und einem *y'all* dort. Wir glauben, dass er uns versteht, wenn er uns von seinen Produkten und Dienstleistungen erzählt, und jeder, der ihn sprechen gehört hat, kann sich leicht von der Geschwindigkeit blenden lassen, mit der er seine Sätze herunterrasselt. Er hofft, dass wir nicht die Zeit haben werden, die genauen Details zu überprüfen.

Entscheidend ist, dass B sich die zielstrebige Sprache während seiner gesamten Karriere zunutze gemacht hat. Seit den Anfängen seines geschäftlichen Erfolgs hat er uns den Eindruck vermittelt, dass er von **Visionen** angetrieben wird. Er treibt eine Utopie voran, in der wir alle reicher und glücklicher sein werden, wenn wir nur das annehmen, was er uns bietet, und die Wonnen des materiellen Komforts gehören uns, wenn wir das kaufen, was er verkauft. Es ist eine verführerische Botschaft – wir wollen es glauben, auch wenn wir Fehler oder Fallen in einigen der von ihm angebotenen Dienstleistungen und Produkte sehen. B hat es meisterhaft geschafft, ein Umfeld zu kreieren, in dem die Verbraucher bereit sind, ihm im Zweifelsfall den Vorzug zu geben, weil sie so sehr wollen, dass die von ihm geförderten Träume wahr werden.

Die Marketingstrategie von B ist klug und wurde während seiner gesamten Bemühungen darauf ausgerichtet, seine Produkte in irgendeiner Weise als gut für den Planeten zu positionieren. Er suggeriert, dass wir durch den Kauf seiner Produkte zu einer guten Sache beitragen und uns selbst einen materiellen Gewinn verschaffen, was für uns eine Win-Win-Situation darstellt. Das ist eine ziemlich kluge Strategie – wir geben unser Geld aus, steigern seinen Gewinn und glauben, dass wir etwas **Positives** tun. Die machiavellistische Psychologie dahinter ist unglaublich.

Es ist ganz klar, dass es das wichtigste und ausschlaggebendste Merkmal von B war, den Narren zu spielen und so zu tun, als ob er während seiner gesamten Laufbahn stets der Freund aller war. Wir alle kennen den Typus: Sie lächeln, scherzen, verwenden extravagante Ausdrücke, die uns zum Lachen bringen. Sie können auch stümpern und schimpfen und dabei gelegentlich auch mal ein paar Patzer machen. Der Grund dafür? Sie hoffen, uns bezaubern und entwaffnen zu können.

Dieser Mensch kann keine Bedrohung darstellen, denken wir uns. *Er ist zu ausgefallen, um betrügerisch zu sein. Schau mal, wie er sich kleidet und seine Haare trägt!* Das ist eine clevere Technik, weil solche Manipulatoren dann wie eine Schlange im Gras agieren können, ohne dass wir ihre wahre Natur ahnen oder je erkennen. Außerdem neigen wir, wenn wir sie mögen, dazu, ihnen die meisten ihrer Handlungen zu verzeihen. Den Eindruck zu erwecken, harmlos und sympathisch zu sein, ist ein wertvolles Werkzeug für Manipulatoren und B hat sich das zu Herzen genommen.

Daher hat er es geschafft, mit den unglaublichsten Dingen davonzukommen, um aufzusteigen und sein Geschäft profitabler zu machen. Das ist das Geheimnis seines immer größer werdenden Reichtums. Wir können von B erwarten, **skrupellos** zu sein, wenn er das will, aber wir merken es oft nicht, weil er so häufig und so gut den Clown spielt. Das ist eine perfekte Taktik der Ablenkung. Er entlässt Andersdenkende, indem er ihnen unterstellt, sie seien schwach, spießig und „passten nicht mit ins Programm". Er pulverisiert Geschäftskonkurrenten mit aggressiver, publikumswirksamer und äußerst emotionaler Sprache. Mehr noch, er macht Einwände gegen seine Vorschläge lächerlich, indem er andeutet, dass andere Menschen seine Vision einfach nicht verstehen oder dass sie Angsthasen sind, denen es an Grips und moralischer Stärke mangelt.

Das ist richtig – während seiner gesamten Laufbahn und seines Aufstiegs an die Spitze des Sitzungssaals hat B die Beschwerden seiner Gegner ständig heruntergespielt. Er sagt unverblümt, dass sie sich irren oder zu dumm sind, um den Nutzen seiner Vorschläge zu erkennen. Es ist für andere schwierig gewesen, Bündnisse gegen ihn einzugehen, weil niemand als erbärmlich oder dumm angesehen werden oder aus einer Mücke einen Elefanten machen will. Sein **reduktiver** Ansatz hat sich als Meisterstreich bei der Neutralisierung seiner Opposition erwiesen.

Diejenigen, die sich ihm in den Weg stellen, **schlechtzureden**, war für B bei seinem stetigen Aufstieg nie ein Problem. In der Hoffnung, eine interne Konkurrentin aus dem Weg zu räumen, habe B Berichten zufolge häufig ihre Schwächen bemängelt: ihre Schlaflosigkeit und mangelnde Entschlossenheit bei der Suche nach einem Kompromiss. Wenn sie Deals und Verhandlungen abschloss, kritisierte er sie als unausgegoren und schädlich für das Unternehmen. Ihre Popularität verblasste und B stand nichts im Wege, den Spitzenplatz einzunehmen.

Was ich an B immer interessant fand, ist seine Fähigkeit, einen Maßstab für sich selbst und einen anderen für den Rest der Menschen zu haben. So gelang es ihm zum Beispiel, eine Gehaltserhöhung für sich selbst durchzusetzen, während für den Rest seiner Mitarbeiter ein Gehaltsstopp verhängt wurde. Er argumentierte, er sei ein Profitgenerator, und bestand darauf, dass seine Kollegen genauso hart arbeiten und genauso erfolgreich sein müssten wie er, um ebenfalls eine Gehaltserhöhung zu erhalten. Überraschenderweise führte dies nicht zu einem Massenaufstand, sondern zu einer gesteigerten Arbeitsethik. Er benutzte Schuldzuweisungen und Desorientierungstaktiken, um seine Kritiker völlig zu überlisten. Der Schwerpunkt lag auf der Produktivität anderer Menschen und nicht auf der Heuchelei seines Handelns.

Zu Beginn seiner Karriere wollte B die **Messlatte zunächst niedrig ansetzen**. Er machte bescheidene Versprechen in Bezug auf Lieferzeiten und Kapazitäten, was im direkten Widerspruch zu dem stand, was ihm seine Forschungsteams im Privaten erzählten. Es war eine bewusste Taktik, denn wenn das Produkt „früher als erwartet" veröffentlicht wurde oder die erwarteten Spezifikationen übertraf, war B in einer perfekten Position, um das Ergebnis als einen bedeutenden Coup zu verkaufen. Dies trug dazu bei, dass sowohl er als auch das Unternehmen in der Öffentlichkeit mit der Vorstellung des „Anpackens und Handelns" in Verbindung gebracht wurden, wobei die Zufriedenheit des Kunden an erster Stelle steht.

Eine andere Technik, die den Beobachtern auffiel, war, dass B während seines Aufstiegs ein Problem kreierte, damit man Zeuge seiner Lösungsvorschläge wurde.

Ein wichtiger Deal wurde zwischen seinem Unternehmen und einem anderen ausgehandelt. Einen Moment lang sah es so aus, als sei die Verhandlungsposition von B schwach und seine Kritiker waren bereit, ihn auszubooten. Er erzählte uns allen in einer Reihe von Interviews und Pressemitteilungen, dass das andere Unternehmen dem Deal Steine in den Weg lege und dass er sich weigern würde zu verhandeln, wenn sie ihre Position nicht ändern würden. Er behauptete, dass das, was sie anboten, seinem Unternehmen und seinen Aktionären zum Nachteil gereichen würde und dass er sicherlich keine Angst davor habe, aus dem Geschäft auszusteigen. Die Botschaft war klar: Wenn das Geschäft scheiterte, würden andere Leute schuld sein (denn B liebte es, den Unschuldigen zu spielen). Das Unglück schien nahe und wenn sein Unternehmen ins Wanken geraten wäre, hätte die gesamte Wirtschaft in Gefahr sein können. Investoren, Verbraucher und Unternehmensinsider waren gespannt und die Spannung wurde fast unerträglich.

Kurze Zeit später kehrte B an den Verhandlungstisch zurück und berief sich auf eine vernachlässigbare und fast unsichtbare Verschiebung in der Position der anderen Seite – eine völlig eingebildete Verschiebung. Der Deal, den er für sein Unternehmen gesichert hatte, war wohl ein kleinerer Gewinn als der, den seine CEO-Vorgängerin vor ihrer Entlassung in Aussicht gestellt hatte. Das schien keine Rolle zu spielen, zu diesem Zeitpunkt waren die Aktionäre erleichtert, dass überhaupt ein Deal zustande gekommen war. Die Rolle von B als Retter und kompetenter Vorkämpfer war gesichert.

Für den Erfolg dieses Milliardärs ist, wie ich bereits sagte, das **Selbstbild** von enormer Relevanz. Ein Teil der Aufrechterhaltung dieses Bildes besteht darin, sich ins **Rampenlicht** zu drängen und alle Konkurrenten zu isolieren. In den frühen Tagen des Aufstiegs von B war er Leiter eines Teams, das sich mit den Aspekten des scheinbar unmöglichen Vorhabens in Bezug auf Innovationsfähigkeit, Effizienz der Produktionslinie und Betriebskosten beschäftigte. Einem Kollegen, der weiter unten in der Lohnkette stand, gelang es, einen Slot bei einem Lieferanten zu finden, der dazu beitragen würde, die Lieferzeiten bei geringerem Aufwand zu beschleunigen. Die Lösung des Problems war in Sicht, aber die Reaktion von B war, den Kollegen in ein anderes Team in einer untergeordneten Abteilung zu versetzen – unter Berufung auf mangelnde Leistung – und dann dem Projekt neuen Schwung zu verleihen. Heutzutage erinnert man sich nur noch daran, dass B das Unmögliche möglich gemacht hat.

Seien Sie versichert, dass B nie davor zurückgeschreckt ist, **die Lorbeeren für das zu ernten, was funktioniert, und die Schuld für das, was nicht klappt, abzuwälzen**. Das ist ein entscheidender Trick, um sich selbst als Erfolgsgeschichte darzustellen, und hat B zu seinen Milliarden verholfen.

Die einzige Beständigkeit während einer langen, turbulenten Karriere war die Fähigkeit von B, sich selbst als Marke aufzubauen. B spricht über seine Leistungen, wann immer er kann, und dieses gesteigerte **Selbstwertgefühl** erscheint uns verführerisch. Nach einer Weile fällt es uns leicht, verzaubert zu sein und dem Hype zu glauben. Wenn uns etwas oft genug gesagt wird, wird es zu einer Art Wahrheit. Meister der Täuschung und Ausbeutung – CEOs, Politiker, Verkäufer, Marketing-Spezialisten, emotionale Missbraucher und Kriminelle gleichermaßen – verstehen, wie wichtig das ist.

Wir haben gesehen, dass B nicht davor zurückgeschreckt ist, zu täuschen, zu lügen und sich seinen Weg an die Spitze zu bahnen. Er hat unsaubere Geschäftspraktiken geschickt eingesetzt, um sicherzustellen, dass er ein lukrativer Gewinner wird, aber zu welchem Preis für Fairness und diejenigen, die sich ihm in den Weg gestellt haben? Der Schaden ist unermesslich, aber unsere materialistische Welt und unsere Geschichte scheinen beide die Gewinner zu belohnen. Kein Wunder, dass B eine indifferente, reuelose Haltung beibehält.

Er hat immer wieder Verhaltensweisen an den Tag gelegt, die ihn in anderen Bereichen wahrscheinlich zu einer Gefängnisstrafe geführt hätten. Ich kann nicht umhin, mich zu fragen, wie jemand wie er sich selbst im Spiegel betrachten kann. Denken solche Leute jemals über den Kollateralschaden nach, den sie verursacht haben? Sie sind durch Profit und Gewinn motiviert gewesen, aber stört es sie nicht, was verloren gegangen ist?

KAPITEL 6:

Der Schaden ist angerichtet – Die Opfer von Manipulation

Ich habe Ihnen gezeigt, welche Techniken Manipulatoren anwenden: die guten, die schlechten und die ausgesprochen dunklen. Ich habe Ihnen auch einen Blick auf das Böse ermöglicht und die wahren Gesichter hinter den Fassaden gezeigt. Wir haben Narzissmus, Machiavellismus, Soziopathie und Psychopathie erforscht. Ich habe zahlreiche Erfolgsgeschichten von kalkulierenden Typen in der Unternehmenswelt detailliert beschrieben. Im Wesentlichen haben wir uns mit der gravierenden Reichweite von Ausbeutung und machthungrigen Tricks beschäftigt und gelernt, wie diese psychologisch untermauert sind.

Wir alle können den dunklen Nervenkitzel sehen, den bestimmte Machenschaften manchen Menschen bringen können. Tricks, Spielereien und List bringen einigen wenigen Auserwählten und Zwielichtigen Triumph und Befriedigung. Doch nun möchte ich eine wichtige Frage stellen: Wie steht es um die andere Seite dieser Machenschaften und die, die nicht die Oberhand gewinnen?

Auf jeden intriganten Gewinner kommen oft viele Verlierer in diesem Spiel. Das dürfen wir nie vergessen.

Wir wollen uns nun einige konkrete Opfer der Manipulation ansehen. Eines davon ist fiktiv, obwohl es weltweite Berühmtheit erlangt und als Shakespeares Othello bekannt ist. Das andere ist real, wobei seine Identität geschützt und seine Anonymität gewahrt wird.

Von der Bestie zu Fall gebracht: Ein gebrochenes Herz – wie Manipulation die Liebe ruinierte

Ich möchte Ihnen von einer jungen Frau erzählen, die mich um Rat fragte, als sie von den Auswirkungen ernsthafter Beziehungsprobleme aufgewühlt war. Sie glaubte, von diesen Problemen erstickt zu werden. Da dies ein heikler Fall ist, werde ich sie einfach A nennen.

Alles begann zehn Jahre zuvor, als sie einen jungen Mann kennenlernte – die Geschichte beginnt ähnlich wie die meisten Geschichten, die wir bisher gesehen oder gelesen haben. Diese Geschichten haben oft auch das gleiche Ende. Trotz der universellen Ähnlichkeiten, die sich über die Geschichte, die Kontinente, die Haushalte und die Lebensweise hinweg wiederholen, darf man die verheerenden Auswirkungen, die diese unglücklichen Beziehungen entfesseln können, nicht unterschätzen. Diese Auswirkungen sind persönlicher und individueller Natur und verursachen tiefgreifende und langfristige Schäden, wie wir sehen werden.

Wie viele von uns dachte A, dass sie die Liebe des Lebens gefunden hatte. Sie war Mitte zwanzig, jung, schön und voller Initiative. Die Welt lag ihr zu Füßen und sie hatte die Energie, den Verstand und die Leidenschaft, das zu erreichen, was sie wollte. Sie traf ihren neuen Partner auf einer Party – wir werden ihn Nick nennen. Als er Witze erzählte und flirtete, sprangen die Funken und sie war sofort verzaubert. Er machte ihr übertriebene, wenn auch entzückende Komplimente, die ihr den Kopf verdrehten. Vielleicht schien er ein bisschen mehr daran interessiert, über sich selbst zu sprechen, aber er stellte mehr oder weniger die richtigen Fragen, wenn es nötig war. Er schien offen und ehrlich zu sein und war sehr daran interessiert, sich mitzuteilen und ihre Meinung zu erfahren.

Nick war ein wenig älter, aber das spielte keine Rolle. Es ließ ihn erfahrener und reifer erscheinen. Er befand sich in der Umbruchsphase: Das Opfer einer emotional missbrauchenden Beziehung, sagte er. A zerbrach das Herz, als er ihr erzählte, was zum Zusammenbruch seiner früheren Beziehung geführt hatte. Seine frühere Partnerin hatte ihn mit seinem besten Freund betrogen. Die beiden waren zusammen durchgebrannt und hatten ihn verschuldet, zerbrochen und hilfsbedürftig zurückgelassen.

Wer konnte einer solchen Avance nicht widerstehen? Die Sympathie und das Verständnis von A waren unerschöpflich und die Dinge entwickelten sich von da an ziemlich schnell.

Die Romanze war ein Wirbelsturm der Leidenschaft. Nick war freundlich und aufmerksam, er machte A immer Komplimente und trug sie auf Händen, wann immer er nur konnte. Er überhäufte sie mit Geschenken: Blumen, Parfüm, Schmuck, Outfits. *Du siehst toll darin aus*, sagte er ihr. *Ich mag es, wenn du Rot trägst.* Die Aufmerksamkeit, die er ihr schenkte, war unglaublich. *Ich will dich ganz für mich allein*, sagte er ihr. Er gab ihr das Gefühl, etwas Besonderes zu sein. Sie war der Mittelpunkt seines Lebens, er des ihren.

Sie gingen auf Feiern, auf Reisen und auf Abenteuer. Zunächst teilten sie die Kosten und er zahlte für sich. Wenn er mal etwas mehr trank als sie oder sein Geschmack etwas ausgefallener war, spielte das für A keine Rolle. Sie genoss seine Gesellschaft und verdiente mehr als er, sodass es ihr nichts ausmachte, zur Deckung seiner Kosten beizutragen.

Auf diesen Reisen begann er, sich mehr zu öffnen – oder vielleicht war es A, die das tat. A war sich aber sicher, dass es Nick war. Er erzählte ihr von der schwierigen Beziehung, die er zu seiner Familie hatte. Er erzählte ihr, wie sein überheblicher Vater neidisch auf seine Beziehung zu seiner wunderbaren Mutter war, wie seine Geschwister alle schrecklich zu ihm waren. Er erzählte ihr von seinem kontrollierenden und ausbeuterischen Chef, der sein Talent nicht zu schätzen wusste. Bei spätabendlichen Drinks wetterte

Nick gegen all die Lügen, die seine Ex-Frau erzählt hatte und die zu ihrer Scheidung geführt hatten.

Scheidung? Ihr wart verheiratet? hackte A nach. *Das stimmt,* erwiderte er ein wenig irritiert. *Das habe ich dir doch schon erzählt.* Das hatte er natürlich nicht. *Warum spielt es überhaupt eine Rolle?* fragte er. A würde sich doch nicht darüber aufregen, oder? Wenn es eine Sache gab, die Nick für erbärmlich hielt, dann waren es eifersüchtige Menschen. Nach ihrem Gespräch hielt A ihre Bedenken für ungerechtfertigt und schob sie beiseite.

Angesichts der Probleme bei der Arbeit und der nicht eintretenden Beförderung, die er sich erhofft hatte, wurde es für Nick schwierig, seine Miete zu bezahlen. Er erzählte A immer wieder, dass er pleite wäre und seine Wohnung auseinanderfiele. Immer wenn er in der Wohnung von A war, war er glücklich. Er sprach immer davon, wie sehr ihm ihre Wohnung gefiele. Bald, als wäre es eine Idee, die ganz natürlich gekommen war, fand A eine Lösung für Nicks Sorgen – warum sollte er nicht einfach bei ihr einziehen? Gesagt, getan. Im Rahmen dieser Vereinbarung schien es nur natürlich, dass sie die Rechnungen bezahlte, da die Wohnung auf ihren Namen lief. Sie wollte sich darüber nicht beschweren. Wenn er seine Gehaltserhöhung durchgesetzt hatte, würde er anfangen, seinen Anteil zu bezahlen.

Aber die Beförderung kam nie und Nick verließ die Stelle kurz danach unter Berufung auf kreative Differenzen. Er hatte eine neue Idee, ein Projekt, für dessen Entwicklung er Platz brauchte. Wenn sie nur einen Ort mit besserem Licht hätten, einen Hof oder vielleicht einen Balkon, dann könnte er seiner Kreativität freien Lauf lassen. *Du willst doch auch, dass ich mich entfalten kann, oder?* fragte er A. Bald darauf zogen sie in eine neue Wohnung, alles auf Kosten von A.

Darf ich dein Auto nehmen? fragte er dann. *Ich muss für Vorstellungsgespräche und so weiter herumkommen, um meine Ideen vorzustellen.* Also lieh sie ihm die Schlüssel und bald häuften sich die Bußgelder und unbezahlten Strafzettel, alles unter dem

Namen von A. Sie bezahlte dafür, sobald klar war, dass Nick nicht die Absicht hatte, es zu tun, doch er versprach, es ihr zurückzuzahlen.

Er redete viel über seine Pläne und wie er sie bald verwöhnen wolle, da die Geschenke zuletzt nicht mehr gekommen waren, Geburtstage und Jahrestage vergessen wurden. *Ich habe einfach den Kopf voll*, sagte er. *Das verstehst du doch, nicht wahr, Schatz? Du wirst mich doch deswegen nicht fertigmachen, oder? Ich bin so tief gesunken wie nie zuvor!*

Es hätte ihm viel abverlangt, gefeuert zu werden, erklärte er. Sie war schockiert, das zu hören: Gefeuert? Sie dachte, er hätte gekündigt. *Ja, gefeuert*, stöhnte er, verärgert und genervt. *Du weißt das doch, warum reibst du es mir unter die Nase?* Sie fragte sich, ob das die leeren Flaschen billigen Schnapses erklärte, die sie immer wieder im Müll fand, und warum er oft zerzaust wirkte, wenn sie von der Arbeit zurückkam.

Sie gingen selten aus, weil er es sich nicht leisten konnte und sie es hasste, ihn zu verlassen. Er flehte sie oft an, bei ihm zu bleiben – *ich weiß nicht, was ich mir antun könnte, wenn ich allein gelassen würde*, sagte er. Bald war A von ihren Freunden und ihrer Familie isoliert. Wenn sie anriefen, um nach ihr zu fragen, ging Nick ans Telefon und hatte immer eine Ausrede zur Hand: Sie wäre mit der Arbeit beschäftigt oder könnte sie nicht treffen, weil sie nicht genug Geld hätte.

Tatsächlich war Geld ein Problem. Sie wollte ein Kind, aber weder interessierte ihn das noch konnten sie einen zusätzlichen Mund füttern. A bezahlte für beide und Nick hatte begonnen, sich von ihr Geld zu leihen. Dabei hatte er Schulden angehäuft, für deren Deckung er sie um Hilfe bat. Sie fand auf ihrer Kreditkarte Belastungen, die sie sich nicht ganz erklären konnte, und als er ihr Auto zu Schrott fuhr, versprach er, ihr ein neues zu besorgen, sobald er wieder auf die Beine käme.

A spürte, wie sie in die Verzweiflung getrieben wurde. Sie fühlte sich energielos und als ob das Leben langsam aus ihr herausgesaugt würde. Sie glaubte nicht, dass sie ihn verlassen konnte, weil sie sich sicher war, ihn zu lieben. Was für ein Mensch wäre sie, wenn sie einen Mann verlassen würde, der so niedergeschlagen war wie er? Er hatte sie nicht missbraucht. Er machte ihr immer noch gelegentlich Komplimente, die ihre Welt erhellten und im Schlafzimmer herrschte immer noch Leidenschaft.

Langsam, aber sicher wurde es immer schlimmer. Nick verschwand oft für ein oder zwei Tage, entweder um seinen Kopf frei zu bekommen oder um einen Freund zu treffen. Es gab immer wieder Diskrepanzen und Kleinigkeiten, die sich mit den Geschichten, die er erzählte, nicht genau deckten. Das iPhone, das sie ihm gekauft hatte, und andere Geschenke, die sie ihm besorgt hatte, begannen zu verschwinden. *Ich bin nicht ich selbst*, sagt er. *Ich verliere ständig Sachen, mach mir das nicht noch zum Vorwurf, ich fühle mich ohnehin schon schlecht.*

Immer wenn sie ausgingen, fand man Nick oft auf der anderen Seite des Raumes beim Flirten mit anderen Frauen. Die Kassiererin im örtlichen Laden beschwerte sich einmal bei A, dass er sich an sie rangemacht und unangemessene Vorschläge gemacht habe, Nick tat jedoch all diese Behauptungen als Fantasie ab. A sei einfach nur bedürftig und grausam, beharrte er. A war von seinen Behauptungen desorientiert und neigte dazu, ihm zu glauben.

Ich bin sicher, dass Sie inzwischen viele der Eigenschaften und Taktiken, die wir in den Kapiteln 3 und 4 besprochen haben, an Nicks Verhalten erkennen können. Trotz aller Entbehrungen war A immer noch nicht bereit, ihn zu verlassen. Sie war sich nicht sicher, ob sie jemals einen anderen finden würde, der sie so sehr liebte, und bezweifelte, dass sie selbst jemanden so lieben könnte. Sie redete sich ein, dass alle Beziehungen ihre Höhen und Tiefen hatten. Nick war und wurde immer unberechenbarer, aber im Herzen schien er immer noch ein anständiger Mann zu sein, wenn auch vielleicht nur ein wenig unglücklich. Sie wollte ihn nicht verärgern oder ihm zusätzliche Sorgen bereiten.

Dann verschwand Nick für eine Woche. Panisch versuchte A, jeden anzurufen, den sie kannte. Irgendwann kam die Freundin seines Freundes – wir werden sie Zoe nennen – um mit A zu sprechen. *Er wird nicht zurückkommen*, erklärte Zoe. *Ich habe gehört, wie er mit den Jungs plauderte, und es hat mir nicht gefallen. Ich habe ihm ein Ultimatum gestellt, verstehst du? Entweder er sagt es dir oder ich werde es tun.*

A konnte fühlen, wie ihr ganzer Körper kalt wurde. *Mir was sagen?*

Da erfuhr A die herzzerreißende Wahrheit: Nick hatte seit fünf Jahren eine Affäre mit der Nachbarin aus ihrer früheren Wohnung. Er hatte die Frau geschwängert und verlangt, dass sie das Baby abtreiben sollte, was sie auch getan hatte. Die Frau war jedoch wieder schwanger geworden und diesmal wollte sie es behalten. Nick hatte seinen Kumpels vorgejammert, er wisse nicht, was er tun solle. Als Zoe das mitbekam, bestand sie darauf, dass er A die Wahrheit sagen solle.

Nick hatte jedoch nie den Mut, ihr gegenüberzutreten.

A warf seine Habseligkeiten nach draußen, wechselte die Schlösser aus, stellte die Wohnung auf den Markt, kündigte ihren Job und zog zurück nach Hause zu ihrer Familie. In den folgenden Monaten hatte jeder, den sie kannte, ihr eine Geschichte über Nick zu erzählen: wie er sexuelle Annäherungsversuche unternahm, mit anderen Frauen gesehen wurde, A schlecht machte und ihren Besitz verkaufte, um Drogen zu erwerben. Die Liste war endlos und sie kam nicht umhin, sich zu fragen, warum sie in den vergangenen Jahren so blind gewesen war. Mehr als das: Welche Informationen hatten ihr alle vorenthalten? Es war ein Gedanke, der schnell durch die Erkenntnis ersetzt wurde, dass sie ihnen nicht geglaubt hätte, selbst wenn sie mit der Wahrheit rausgerückt wären.

Es war ein glückliches Entkommen von Nick, sagte ich ihr, aber sie gestand mir gegenüber, dass sie frustriert war, zehn Jahre ihres Lebens mit einem Betrüger verschwendet zu haben. Es waren zehn Jahre, die sie niemals zurückbekommen würde. Sie war einer Gehirnwäsche unterzogen worden und hatte in einer Fantasiewelt gelebt – eine Fantasiewelt, die sie bereit gewesen war, zu ihrem eigenen Schaden zu akzeptieren. Zweifelsohne hatte die Situation sie mit schlechten Gefühlen zurückgelassen:

- Naiv und gedemütigt.
- Entwürdigt.
- An ihrem eigenen Wert zweifelnd.
- Unfähig, sich zu verlieben oder sich erneut zu binden, aufgrund der Angst, dass ein neuer Partner ebenfalls ihr Vertrauen missbrauchen könnte.
- Misstrauisch gegenüber anderen, da sie glaubte, dass diese vor ihr Geheimnisse hüteten.
- Einsam.
- Misstrauisch gegenüber Komplimenten.
- Wütend und einfach nur verärgert.

Wie wir aus Kapitel 3 schließen können, war Nick ein Betrüger, Lügner und eigennütziger Egomane mit beträchtlichen dunklen Persönlichkeitsmerkmalen. Die Handlungen dieses Archetypus der Manipulation mit unbestreitbarem soziopathischen Narzissmus führten zweifellos zu erheblichen Verlusten für A. Er profitierte auf ihre Kosten und ließ sie völlig geschwächt zurück.

Letztendlich war sie ohne ihn besser dran und mit der Zeit – mit Hilfe und viel Mut – wurde sie stärker. Es besteht jedoch kein Zweifel daran, dass sie ein Opfer dunkler Manipulation und sehr lange Zeit in schlechter Verfassung war. Opfer zu sein macht keinen Spaß.

Leb wohl, mein Herz, ich folge gleich dir nach

Betrachten wir nun eine weitere Fallstudie mit noch beunruhigenderen Ergebnissen. Vielleicht kennen Sie die Geschichte von William Shakespeares fehlerhaftem General Othello bereits. Wenn Sie sie kennen, werden Sie mir zweifellos zustimmen, dass es schwer ist, sich von Othellos Sturz nicht aufwühlen zu lassen, er ist vielleicht das ikonischste, wenn auch tragischste Beispiel für die verheerenden Gefahren der dunklen Manipulation.

Wenn Sie noch nichts über sein trauriges Schicksal gehört haben oder sich über die Einzelheiten nicht im Klaren sind, nehmen wir uns einen Augenblick Zeit, um seine Geschichte kennenzulernen.

Shakespeares großartig komplexe und düstere Geschichte von Bosheit, Manipulation, Eifersucht und Verzweiflung wurde 1604 für das Theater geschrieben und 18 Jahre später, 1622, erstmals veröffentlicht. Es ist bis heute eine eindringliche Auseinandersetzung mit Schikanierung, wenn nicht sogar eines der bewegendsten und einfühlsamsten Bühnenstücke der Geschichte. Die Kunst der Manipulation ist deutlich zu erkennen – wir sehen ihre tödlichen Auswirkungen in schmerzlicher Genauigkeit.

Der farbige Kriegsheld Othello heiratet die junge, weiße und hinreißende Desdemona, die Tochter eines Mitglieds der herrschenden Elite Brabantio. Es ist wahre Liebe und sie verehren einander aufrichtig. Doch die Aussichten für sie sind nicht so sonnig und ihre Beziehung stößt auf viele Vorurteile, Trotz und Widerstand von allen Seiten. Da Othello älter ist als sie und ein Leben lang rassistischen Beschimpfungen und Beleidigungen ausgesetzt gewesen ist, kann sie nicht umhin, den Verdacht zu hegen, dass er in gewisser Weise ihrer unwürdig ist oder Scheitern verdient hat. Er weiß mit Sicherheit, dass andere Menschen, einschließlich Brabantio, auch so denken. Trotzdem hofft Othello, dass seine bisherigen Leistungen den Sieg davontragen werden, aber er ist leider auf verhängnisvolle Weise offen für negative Vorschläge.

An dieser Stelle greift sein verbitterter Kollege und so genannter Freund Jago ein.

Jago steht im Mittelpunkt dieses Stücks und webt aus unklaren Gründen ein bösartiges Netz aus Täuschung gegen fast jede andere Figur, angetrieben von jener tiefen und unerklärlichen Dunkelheit, die in bestimmten Menschen liegt, wie wir in Kapitel 2 und 3 untersucht haben. Da er Triaden-Charakteristika aufweist, scheint er eher zu seinem eigenen Vergnügen zu handeln als aus dem Wunsch nach materiellem Gewinn oder Aufstieg. Er deutet an, dass er durstig nach Rache und Vendetta ist, da er seine Beförderung an einen jüngeren Mann namens Cassio abtreten musste, den Othello in die militärischen Ränge beförderte. Er äußert auch den weit hergeholten, unbegründeten Verdacht, dass seine Frau Emilia mit Othello geschlafen habe, gibt aber zu, dass er nicht einmal weiß, ob dies tatsächlich wahr ist. Diese wechselnden Motive versuchen seine Handlungen erst zu erklären, nachdem er sich aufmacht, Othello zu Fall zu bringen.

Der Dichter Samuel Taylor Coleridge bemerkte etwa zweihundert Jahre später, als er das Stück für eine Reihe von Vorträgen studierte, dass Jagos Handlungen eine „motivlose Bösartigkeit" aufweisen. Mit anderen Worten, die einzige Motivation, die der Mann hat, ist der Akt der Frustration und Zerstörung der Menschen um der Zerstörung willen allein. Ja, meine Großmutter hätte ihn definitiv als einen bösen Kerl bezeichnet.

Er bemerkte, dass ein anderes Opfer von Jago – Rodrigo, ein junger, in Desdemona verliebter Bursche, den Jago zur Finanzierung seines schlüpfrigen Lebensstils benutzt – nur aus Eigennutz um Othello herumlungert: „Ich dien ihm, um mirs einzubringen". Er fügt hinzu: „Wenn ich ihm diene, dien ich nur mir selbst, -- der Himmel weiß es –, nicht aus Lieb und Pflicht, nein, nur zum Schein für meinen eignen Zweck" (Shakespeare, 1622, Szene 1, Akt 1). Als Publikum sollten wir keinen Zweifel daran haben, dass Jago nichts Gutes im Schilde führt, und er gibt zu, dass er nicht ist, wie er sich gibt: „Ich bin nicht, was ich bin!". Trotz seines Hasses gegen

Othello und seines offensichtlichen Rassismus macht er ein „Zeichen der Liebe", indem er vorgibt, Othello den Rücken zu stärken. Wenn wir Jago mit dem General sehen, fungiert er als Vertrauter und vor allem als helfende Hand, indem er ihm Ratschläge und Anregungen für eine gedeihliche Beziehung mit Desdemona gibt.

Othello spricht offen über seine liebevollen Gefühle für seine neue Frau. Anfangs ist er davon überzeugt, dass sein Dienst für den Staat und seine Leistungen ihn in guter Position halten werden, aber er hat nicht mit dem großen Puppenspieler Jago gerechnet, der hinter den Kulissen alle Fäden in der Hand hat. Jago schürt den Hass gegen Othello, indem er den angeblichen Freund bei jeder Gelegenheit schlecht macht und die Leute zu Betrug anstachelt.

Darüber hinaus ist Jago geschickt in der psychologischen Analyse seiner Opfer und weiß genau, was er sagen muss. Othello ist absolut davon überzeugt, dass sein Freund ehrlich ist, obwohl solche Gedanken ihm zum Verhängnis werden, wie Jago bemerkt und argumentiert, dass seine Absicht umso besser an Othello wirke (Shakespeare, 1622, Szene 1, Akt 1). Jago kann klar erkennen, dass Othello eine „freie und offene Natur" hat und denkt, dass Männer ehrlich seien: „Der, ganz verliebt in seine Sklavenfessel, ausharrt, recht wie die Esel seines Herrn" (Shakespeare, 1622, Szene 1, Akt 1). All dies bedeutet, dass der General leicht getäuscht werden kann. Jago ist sich also der Schwächen, Ängste und Befürchtungen Othellos bewusst, so dass ersterer schrecklichen Schaden anrichten kann.

Es dauert nicht lange, bis Jago Desdemona fälschlicherweise unterstellt, sie sei nicht wirklich in ihren neuen Ehemann verliebt. Schlimmer noch, er deutet an, dass sie und Cassio eine Affäre haben. Er zeichnet ein lebhaftes Bild des Ehebruchs, das Othellos Unsicherheiten und Eifersucht nährt. Jago ist durch und durch gerissen und tut sein Bestes, um Othello von jedem anderen Unterstützungsnetzwerk abzuschneiden, was dazu führt, dass er Streit anfängt und sich mit denjenigen anfeindet, die ihm zuvor vielleicht zur Einsicht verholfen hätten. Es ist sicherlich eine Meisterleistung, einen Keil zwischen den General und Cassio zu treiben.

Jagos Techniken stammen direkt aus dem Handbuch des manipulatorischen Archetypus. Er erzählt Lügen, lässt Andeutungen fallen und verwendet Verallgemeinerungen und Ausflüchte. Er nutzt Situationen zu seinen eigenen Zwecken aus, stellt Fallen und zeigt sich in der Täuschung geschickt. Dann spielt er das Unschuldslamm und schafft eine perfekte Tarnung, indem er süße Worte spricht: „Man sollte sein das, was man scheint" (Shakespeare, 1622, Akt 3, Szene 3).

Jago ist sicherlich geschickt darin, falsche Anschuldigungen und falsche Nachrichten zu überbringen: „Dein Weib, geb auf sie acht!", sagt er, was Othello zum Zweifeln bringt – die Frau, der er vertraut, seine geliebte Partnerin, war nun befleckt. Böswillig dreht Jago das metaphorische Zahnrad weiter und unterrichtet Othello darüber, dass er von gemischtrassigen Beziehungen nichts anderes erwarten dürfe. Er trifft Othello an seiner verwundbarsten Stelle und bringt die Ängste des Generals zum Ausdruck, die unter der Oberfläche brodeln, seit Othello zum ersten Mal in dieses rassistische Umfeld eingedrungen ist.

Schwach, allein, misstrauisch und selbstzweifelnd ist Othello nun dort, wo Jago ihn haben will: Gift wütet in seinen Adern. Von diesem Moment an ist Othello völlig desorientiert, er weiß buchstäblich nicht, was er denken soll und wird von widersprüchlichen Überzeugungen geplagt. Er gibt zu: „Ich glaube, Desdemona ist mir treu. [...] Und dennoch, ob Natur, wenn sie verirrt" (Shakespeare, 1622, Akt 3, Szene 3).

Zu dieser Zeit erhöht Jago den Einsatz fachmännisch, indem er gefälschte Beweise vorlegt. Es ist ein perfekter Trick, das geliebte Taschentuch von Desdemona – ein Geschenk ihres Mannes – in Cassios Zimmer zu platzieren. Othellos Antwort war vernichtend: „Auf, schwarze Rach, aus deiner tiefen Höhle! Gib Liebe, deine Kron und Herzensmacht" (Shakespeare, 1622, Akt 3, Szene

3). Die Frau, die er einst geliebt und angebetet hat, ist nun in seinen Augen verdammt und er befördert dann Jago als Ersatz für Cassio. Jago hat nun sicherlich alles, was er will. Er hätte damit aufhören können, aber er tut es nicht.

Die Tricks, Machenschaften, subtilen Spiele und heimtückischen Pläne gehen weiter und Othello, der tapfere Soldat und Verteidiger der Freiheit, ist Jagos Tricks nicht gewachsen. Was folgt, ist ein trauriger, schneller Verlust von Verstand und Vernunft. Wie Desdemona bemerkt: „Mein Herr ist nicht mein Herr; ich kennt ihn nicht, Wär er im Antlitz wie im Geist verwandelt" (Shakespeare, 1622, Akt 3, Szene 4). Der Rhythmus und die Syntax der Rede des Protagonisten geraten in dieser Szene in Unordnung, was die Auflösung von Othellos Verstand anschaulich darstellt.

Der Rest des Stücks ist völlig dramatisch, da Othello nach und nach alles verliert. Er tötet Desdemona und sagt: „Mein Weib! Mein Weib! Welch Weib? Ich hab kein Weib!" Er verliert seine eigene Identität und bemerkt zu sich selbst: „Hier steht, der einst Othello war; hier bin ich" (Shakespeare, 1622, Akt 5, Szene 2). Schließlich nimmt er sich das Leben.

Bemerkenswert an Jagos Vorgehen ist, dass er kaum einen Finger rührt, als er die schrecklichen Ergebnisse herbeiführt, die er sich wünscht. Rhetorik ist seine Waffe und seine Unterstellungen und Lügen veranlassen Othello, die ganze Arbeit zu leisten. Daher wird Othello zum Urheber seines eigenen Verderbens und des Ruins derer, die er am meisten liebt.

Othellos Reaktion ist unbestreitbar gewalttätig und missbräuchlich gegenüber unschuldigen Dritten, was nicht stillschweigend hingenommen werden kann. Seine Taten können nicht heruntergespielt werden, nicht einmal, indem man sagt, dass er diesen zerstörerischen Weg nur einschlägt, weil er auf schreckliche Weise hereingelegt worden ist. Es ist auch seine eigene Schuld. Ich sage das, weil ich Othellos Reaktionen nicht rechtfertigen möchte, aber er ist trotzdem zu bedauern.

Hat er einfach nur Pech oder gibt es etwas, das ihn besonders verletzlich und offen für Jagos Tricks macht? Die kurze Antwort auf die letzte Frage lautet ja. Großes Drama entsteht normalerweise nicht dadurch, dass jemand zur falschen Zeit am falschen Ort ist, ein Mangel an Glück kann jedoch den Stein ins Rollen bringen.

Bevor wir mit dieser traurigen Geschichte abschließen, wollen wir einen Blick darauf werfen, was Othello zu einem so einfachen Ziel der Ausbeutung macht:

- Verwundbarkeit, trotz seiner körperlichen Stärke.
- Isolation.
- Vertrauen in falsche Freunde.
- Minderwertigkeitskomplex in Kombination mit Stolz, was eine gefährliche Mischung ist.
- Unsicherheit.
- Wut.
- Eifersucht und Vergleiche mit anderen.
- Mangelndes Selbstbewusstsein.
- Geringe emotionale Intelligenz.
- Unfähig, seine Gefühle richtig auszudrücken.
- Offen für Anregungen.
- Naivität.
- Erlaubt es anderen, ihn zu erniedrigen.
- Sieht nur, was er sehen will

Dass der General prädestiniert war, zum Opfer zu werden, soll den Intriganten Jago weder mit dem Wasser der Unschuld waschen noch bedeutet es, dass unser Antiheld das, was ihm widerfahren ist, völlig verdient hätte.

Das Entscheidende hier ist, dass Othellos innere Natur in Verbindung mit den äußeren Bedingungen perfekt erklären kann, warum er anfällig für Manipulationen wird und warum er sich so verhält. Das sollte uns viel Stoff zum Nachdenken geben und ich kann es kaum erwarten, das Thema genauer und konkreter zu untersuchen.

KAPITEL 7:

Sind Sie in der Schussbahn?

Die Taktiken, die wir in den vorhergehenden Kapiteln untersucht haben, sind allgegenwärtig und werden oft von manipulativen Vorgesetzten, Partnern und Freunden angewandt, sie sind die Werkzeuge eines verdorbenen Narzissmus, Machiavellismus und von Psychopathie. Jeder von uns könnte einem oder allen drei der erwähnten ausbeuterischen Tricks zum Opfer fallen.

Das ist richtig – in der Theorie könnten wir alle, egal wie gut wir ausgerüstet sind, ein zukünftiges Opfer werden.

Doch nicht jeder von uns wird am Ende manipuliert werden. In diesem Kapitel möchte ich untersuchen, warum bestimmte Leute manipuliert werden und andere nicht. Ich möchte den Schaden diskutieren, der dadurch verursacht werden kann. Ich möchte Ihnen auch einige entscheidende Hinweise geben, um sicherzustellen, dass Sie nicht jemand sind, den andere so leicht und oft ausnutzen können.

Was macht uns anfällig für Manipulation?

Seien wir ehrlich – es ist nicht so, als gäbe es ein verräterisches Zeichen, das einige von uns auf der Stirn tragen und das besagt: *Nutzen Sie mich aus*. In den Fallstudien, die ich im vorigen Kapitel angeführt habe, luden weder Othello noch die junge Frau A zur Ausbeutung ein – und verdient haben sie sie auch nicht. Möglicherweise haben sie jedoch unbewusst darauf hingewiesen, dass sie besonders anfällig für Manipulation sind. Tun Sie und ich dasselbe, ohne es überhaupt zu merken?

Ich werde Ihnen eine Reihe von Persönlichkeiten vorstellen, die anfällig für Manipulation sind. Ich habe fünfzehn Kerntypen identifiziert:

Die Seelenklempner

Es gibt viele Menschen da draußen, die keine großen Fans von Konflikten und Konfrontation sind. In einigen Fällen ist das gut, denn es ist nicht immer gesund, sich auf aggressive Situationen einzulassen. Wenn Sie sich ständig vor den negativen Emotionen hüten, die Sie als Reaktion herausfordern könnten, wenn Sie *Stopp* oder *Jetzt warte einmal* oder *Das ist nicht in Ordnung* sagen, dann sind Sie vielleicht leichte Beute für Menschen, die Ihnen ihren Willen aufzwingen wollen.

Der Helferkomplex

Wir alle kennen die Art von Menschen, die andere Menschen gerne glücklich machen – vielleicht sind wir selbst einer von ihnen. Es ist überhaupt nichts Falsches daran, der Welt ein Lächeln schenken zu wollen. Es ist eine immens bewundernswerte Eigenschaft, deshalb sollten wir die alltäglichen Mutter Theresas unter uns nicht verhöhnen. Typischerweise sind es tatsächlich Mütter! Wenn Sie jemanden kennen, der Ihnen jeden Gefallen tut, sind dies die Leute, die Sie wahrscheinlich anrufen, wenn Ihr Auto mitten in der Nacht auf der Autobahn eine Panne hat. Diese Menschen können jedoch in vielen Formen und Gestalten auftreten. Wer kennt ihre genaue Motivation? Wächst ihr Selbstwertgefühl, weil sie gebraucht werden, sehnen sie sich nach Anerkennung oder sind sie einfach von Natur aus altruistisch? Wie auch immer, es fällt ihnen schwer, Nein zu sagen. Unglücklicherweise sind sie die Hauptziele für Manipulationen sowohl in kleinem als auch in großem Stil.

Der Unschuldige

Dies sind die Menschen, die man als leichtgläubig und naiv bezeichnen könnte. Es passt nicht in ihr Weltbild, dass Menschen in einer bestimmten Situation betrügerisch sein könnten. Seien Sie gewarnt: Diese Typen sind nicht mit einem Etikett versehen, auf dem *leichtgläubig* steht. Wie bereits erwähnt, könnten sogar Sie oder ich es sein, ohne dass wir uns dessen bewusst sind. Unschuldige leben in Ignoranz. Sie können blind vor (Menschen-)Liebe sein: Menschen, die nicht akzeptieren wollen, dass von Ihnen idealisierte Menschen keine guten Absichten haben. Abgesehen davon sind Unschuldige das, was ich als gutherzige Menschen bezeichne. Sie sind anständige, leicht auszubeutende Menschen. Vielleicht neigen Sie dazu, im Zweifelsfall an das Gute im Menschen zu glauben – stellen Sie sich vor, ein Typ nähert sich Ihnen auf der Straße und sagt, er habe seine Brieftasche verloren. Er möchte, dass Sie ihm helfen, indem Sie ihm Geld für den Bus geben, damit er nach Hause zu seinen Kindern kann, bevor sie aus der Schule kommen. Was werden Sie tun: Ihm vertrauen oder vom Schlimmsten ausgehen? Sie wollen ihm die Nächstenliebe nicht verweigern, aber passen Sie auf. Wenn Sie zu viel von dieser Einstellung haben, könnten Sie viel Geld verlieren.

Die Zweifler

Diese Art von Mensch hinterfragt ständig die eigene Meinung und den eigenen Geschmack und glaubt, dass es immer jemand anders am besten weiß. Nein, jemand anders weiß es nicht unbedingt am besten! Diese beeinflussbare Haltung rührt oft von einem Minderwertigkeitskomplex und einem völligen Mangel an Selbstvertrauen her, was bedeutet, dass diese Leute leicht ausgenutzt werden können.

Der Eitle

Darauf bin ich in Kapitel 4 eingegangen, als wir über Manipulatoren sprachen, die unser Ego boosten. Wer hat sich nicht schon einmal geschmeichelt gefühlt und infolgedessen etwas getan, was er nicht tun wollte? *Hey, du bist so bewandert in technischen Fragen. Könntest du nicht kurz einen Blick auf meinen Router werfen?* Ja, das haben wir alle schon erlebt.

Die Unbekümmerten

Es gibt diejenigen, die einfach nicht wirklich darauf achten, was vor sich geht. Sie sind abgehoben oder zu beschäftigt mit anderen Dingen, als dass sie merken, wenn sie manipuliert werden. Vielleicht sind sie impulsiv und halten sich nicht gerne zu lange mit etwas auf, denn das tötet die Spontanität. Das mag ja stimmen, aber es kann immer noch zu Ausbeutung führen.

Der Unterwürfige

Vielleicht ist es Teil Ihrer inneren Persönlichkeit, sich selbst abhängig zu machen, und Sie sehnen sich vielleicht nach dem Schutz und der Sicherheit, von jemand anderem abhängig zu sein. Was die andere Person sagt, ist Gesetz, weil Sie sich dadurch sicherer fühlen. Oder Sie glauben, dass Sie nichts Besseres als Ihre gegenwärtige Situation verdient haben – besser geht es nicht und Sie meinen, es akzeptieren zu müssen.

Der Masochist

Das ist dann der Fall, wenn eine Person die Vorstellung masochistisch begrüßt, von einer anderen Person dominiert zu werden, und tatsächliche (das heißt sexuelle oder sensorische) Freude daran hat. Die Sadisten, von denen ich in Kapitel 3 gesprochen habe, würden mit diesen Menschen eine perfekte – oder eben gerade imperfekte – Partnerschaft eingehen.

Die Einsamen

Vielleicht möchten Sie die Aufmerksamkeit der anderen, ob gut oder schlecht, denn die Alternative ist Stille. Vielleicht sind Sie so lange isoliert gewesen, dass es Ihnen schwer fällt, die Dinge aus der richtigen Perspektive zu betrachten.

Die Alten und Gebrechlichen

In diesen Fällen wird die körperliche oder geistige Schwäche anderer ausgenutzt, weil sie sich nicht leicht wehren können.

Mangelndes Selbstbewusstsein

Vielleicht wissen Sie einfach nicht wirklich, was Sie wollen oder denken. Es könnte sein, dass Sie nicht über die emotionale Klarheit oder den selbstkritischen Sinn für Analyse verfügen, die zur Verarbeitung Ihrer Gefühle erforderlich sind. In diesem Fall wäre es kein Wunder, dass Sie sich leicht beeinflussen lassen.

Alles in sich hineinfressen

In diesem Fall kann es vorkommen, dass Menschen sich nicht ausdrücken können oder einfach nicht über die notwendigen Kommunikationsfähigkeiten verfügen, um ihre Meinungen oder Präferenzen zu äußern. Wenn dies der Fall ist, kann es passieren, dass die Person am Ende von anderen manipuliert wird, die selbst unabsichtlich handeln. Andere wissen nicht wirklich, was Sie wollen, weil Sie es nicht deutlich genug sagen. Ihre Bedürfnisse scheinen ignoriert und von den Wünschen anderer unterdrückt zu werden.

Geringe Ansprüche

Halten Sie es für besser, einfach mit dem Strom zu schwimmen, weil es das Ganze einfacher macht? Sie machen nie viel Aufhebens oder Nörgelei, was eine positive Sache sein kann, die es Ihnen ermöglicht, offen für neue Ideen und geselliges Zusammensein zu sein. Es bedeutet auf jeden Fall, dass Sie sehr pflegeleicht sind – Sie sind nicht einer dieser Menschen, die immer wegen jeder Kleinigkeit ein großes Aufheben machen müssen und immer etwas darüber zu sagen haben, wo man essen, trinken oder einkaufen soll. Der negative Aspekt der Flexibilität ist jedoch, dass man sich verlieren kann. In der Praxis bedeutet das, dass Sie oft unentschlossen, schwammig und leicht zu überreden sind. Deshalb können andere Sie ohne Widerstand ihrem Willen beugen.

Gefangen in einem Trott

Wenn sich jemand niedergeschlagen fühlt und die Nase voll hat von seinem Leben, wird er oft versuchen, jede Veränderung herbeizuführen, die er bekommen kann. Das liegt daran, dass die Person glaubt, dass es im übertragenen Sinne besser ist, von einer Klippe zu springen, als im Hamsterrad gefangen zu sein. In dieser Situation wird die Person für eine Reihe von Vorschlägen offen sein: *Probieren Sie dieses Schmerzmittel, versuchen Sie dieses Muster* usw. – die Politiker nutzen das Bedürfnis nach Gerettetwerden und Veränderung ständig aus. Allerdings empfinden es diejenigen, die eine Wiederwahl erleben, dann als schwierige Herausforderung, wenn sie der Amtsinhaber sind.

Einfühlungsvermögen

Vielleicht sind Sie einfach verständnisvoller, als Ihnen guttut. Vielleicht wissen Sie, dass jemand Sie in einer Situation manipuliert, aber Sie versuchen trotzdem, seine Perspektive zu verstehen. Sie glauben, dass er sich so verhält, weil er am Boden liegt, pleite oder einsam ist oder sich für eine bestimmte Sache einsetzt. Möglicherweise fühlen Sie sich schuldig, weil Sie nicht „nett" genug sind, daher versuchen Sie Ihr Bestes, um die Bedürfnisse und Wünsche anderer zu erfüllen. Einfühlungsvermögen ist eine lebenswichtige Fähigkeit, die man haben muss, aber man darf sie nicht verwenden, um das schädliche Verhalten anderer zu rechtfertigen.

Wenn Sie diese Liste durchgehen, bin ich sicher, dass Sie Aspekte von sich selbst und anderen Menschen wiedererkennen. Wie gesagt, viele dieser Persönlichkeitsmerkmale können positiv und gemeinnützig sein und dazu beitragen, die Welt zu einem besseren Ort zu machen. Wenn sie jedoch nicht kontrolliert eingesetzt werden, können sie dunklen Mächten zum Erfolg verhelfen.

Den Schmerz fühlen – die negativen Auswirkungen

Keiner von uns möchte der Dunkelheit zum Opfer fallen und der Schaden, der durch ausbeuterische Taktiken verursacht wird, ist nicht quantifizierbar. Diese Taktiken können langsam und unbemerkt wirken und auf heimtückische Weise psychologische Schäden verursachen. Hinterhältige Taktiken können sicherlich eine Vielzahl langfristiger negativer Auswirkungen auf das Selbstbild, die Weltanschauung und auf andere Menschen haben. Oder sie können, wie wir bei Othello in Kapitel 6 gesehen haben, immense und drastische Auswirkungen haben, einschließlich des Verlusts von Leben, Existenz und Besitz.

Ich möchte nicht allzu sehr darauf eingehen, denn ich möchte Ihnen lieber dabei helfen, die Manipulation besser zu verstehen, damit Sie sie vermeiden oder sich ihre positiven Aspekte zunutze machen können. Es ist jedoch von entscheidender Bedeutung, dass Sie einen umfassenden Überblick darüber haben, wie ungesund verschiedene Formen dieser manipulatorischen Tricks sein können.

Hier sind einige der hauptsächlichen Folgen, wenn man Opfer eines Manipulators geworden ist:

- **Geringes Selbstwertgefühl**. Es geht schnell, sich wertlos zu fühlen, wenn Sie sich bewusst sind, dass jemand Sie ausgenutzt hat oder immer noch ausnutzt.

- **Scham und Erniedrigung**. Vielleicht können Sie nicht aufhören, sich wie ein Narr zu fühlen, weil Sie überrumpelt wurden.

- **Schuldgefühle**. Vielleicht hat man Ihnen das Gefühl gegeben, dass etwas, was Sie tun, falsch ist oder dass Sie schlecht sind, weil Sie sich dem Willen eines anderen Menschen widersetzen.

- **Sie ziehen sich zurück.** Es geht schnell, einfach gefühllos und abgestumpft zu werden, um all die negativen Emotionen in Ihnen und um Sie herum zu verdrängen.

- **Schlechte Selbstfürsorge.** Wenn man vom vorhergehenden Punkt ausgeht, dann geschieht die Selbstvernachlässigung, weil man aufgrund der Manipulation selbst immer an zweiter Stelle kommt.

- **Essstörungen.** In einigen Fällen können übermäßige Dominanz oder kritische Kommentare eines anderen dazu führen, dass Sie nach psychologischen Bewältigungsmechanismen suchen, um die Kontrolle über Ihr Leben wiederzuerlangen.

- **Verminderte Leistungsfähigkeit.** Wie können Sie Ihr Potenzial ausschöpfen und Ihr Bestes tun, wenn Sie ständig ausgelaugt sind oder von Ihren eigenen Bedürfnissen abgelenkt werden?

- **Angst vor dem Alleinsein.** Vielleicht haben Sie Angst, dass Sie zur Zielscheibe werden, wenn man Sie sich selbst überlässt.

- **Beschädigte Beziehungen zu Freunden, Partnern und Familie**, weil Sie sich letztlich nicht entspannt und glücklich fühlen können oder sich nicht in der Nähe von jemandem aufhalten können, der versucht, Sie seinem Willen zu beugen.

- **Angst vor Verpflichtungen.** Wie wir in unserem Fallbeispiel der jungen Frau A gesehen haben, kann die Täuschung durch einen Partner zu Angst vor dem Eingehen neuer Beziehungen führen, da die Sorge besteht, dass sich das Erlebte wiederholen könnte.

- **Mangelndes Vertrauen (und seine Cousine, die Paranoia)**. Es ist nur natürlich, dass man, nachdem man getäuscht oder zu sehr kontrolliert wurde, misstrauisch gegenüber allem und jedem ist.

- **Zweifel am eigenen Weltbild**. Das bedeutet, dass Sie sich selbst gegenüber unehrlich sind, was Ihre Gefühle oder Meinungen betrifft. Sie könnten anfangen, Ihre derzeitigen Verdächtigungen und Gedanken zu hinterfragen.

- **Ungewissheit**. Ich meine nicht nur in Bezug auf das eigene Denken, sondern auch in Bezug auf die tatsächliche Situation. Wir haben dies in Kapitel 4 erörtert, als wir das Gaslighting betrachtet haben – es kann schwerwiegende psychologische Auswirkungen haben, wenn man sich der echten Realität nicht mehr sicher ist.

- **Angstzustände**. Unangemessene Angstzustände und Depressionen sind die natürlichen Folgen all dessen. Schlaflosigkeit, Stimmungsschwankungen und Selbstverletzung können ebenfalls auftreten.

- **Enttäuschung**. Wenn Sie ausgetrickst wurden – sei es von einem Politiker, Partner oder Verkäufer –, werden Sie am Ende wahrscheinlich das Gegenteil von dem bekommen, was Ihnen versprochen wurde. Enttäuschung tritt dann ein, wenn Sie nicht die guten Dinge erfahren, die Ihnen in Aussicht gestellt wurden.

- **Gefahr**. Wie ich bereits bei der Betrachtung von Manipulatoren aus der Dunklen Triade beschrieben habe, kann es unglaublich gefährlich für Sie werden, wenn Sie zur Zielscheibe von Manipulatoren werden. Es ist keine Übertreibung zu sagen, dass Ihr Leben und Ihr Wohlergehen in Gefahr sind.

Was für eine Litanei an Negativität! Wir sollten das auf keinen Fall akzeptieren, denn wir wollen doch das Beste für unser Leben, oder nicht? Wie gehen wir also damit um?

Der Ausweg: Was tun, um manipulative Techniken zu vermeiden?

Ich habe Ihnen jetzt eine ganze Menge Unheil und Düsterkeit präsentiert. Ich möchte Sie nicht erschrecken, aber seien Sie gewiss, dass es möglich ist, die Klippen der Manipulation zu umschiffen und ihren Gefahren auszuweichen. Ich möchte Ihnen eine praktische Anleitung in zwanzig Schritten zeigen, mit der Sie sicherstellen können, dass Sie immun gegen Manipulationen und deren negative Auswirkungen werden.

Werfen wir einen Blick darauf:

1. **Fragen Sie Ihr inneres Ich**. Es ist wichtig, dass Sie Zeit investieren, um zu lernen, was Sie fühlen, wollen und brauchen. Das ist der wichtigste Schritt, um sicherzustellen, dass Sie Ihre Situation immer noch unter Kontrolle haben. Sorgen Sie dafür, dass Ihre Wünsche erfüllt werden.

2. **Vertrauen Sie sich selbst**. Ich weiß, dass dieser Punkt leichter gesagt als getan ist, aber haben Sie Vertrauen in Ihre eigenen Meinungen und Ihre Charakterstärke und stellen Sie sich über alle Versuche, Sie zu etwas zu zwingen, was Sie nicht tun wollen. Sie kennen sich selbst besser als jeder andere und sollten diese Tatsache niemals vergessen.

3. **Stellen Sie sich dem Problem**. Erklären, entschuldigen oder bagatellisieren Sie nie ein Verhalten, das Sie verärgert oder verunsichert. Identifizieren Sie es als ein Problem, das in Angriff genommen werden muss.

4. **Setzen Sie klare Grenzen**. Finden Sie heraus, wo Ihre Grenzen liegen und was Sie gerne tun möchten. Stellen Sie sicher, dass diese Grenzen nie überschritten werden.

5. **Suchen Sie nach Inkonsistenzen**. Wenn jemand versucht, Ihnen etwas vorzumachen, wird er sich oft in seiner Geschichte widersprechen. Wahrscheinlich lügt diese Per-

son Sie an, wenn das Gesagte weder direkt noch konsequent ist. Sie können versuchen, Notizen von Gesprächen zu machen, die Sie geführt haben, damit Sie später nicht auf dem falschen Fuß erwischt werden.

6. **Ziehen Sie die Leute zur Verantwortung**. Verlangen Sie, dass sie Ihnen Rede und Antwort stehen. Wenn sie nicht reagieren oder vom Thema ablenken, wiederholen Sie sich nachdrücklich. *Nun aber zurück zum eigentlichen Thema* ist ein nützlicher Ausdruck, den Sie unter diesen Umständen anwenden können.

7. **Überprüfen Sie Referenzen**. Wenn ein sogenannter Experte an Sie herantritt, verlangen Sie, seinen Ausweis zu sehen. Wenn jemand behauptet, Ihr Freund zu sein oder Ihr bestes Interesse zu verfolgen, versuchen Sie, Beweise dafür in vergangenem und aktuellem Verhalten zu finden.

8. **Seien Sie auf der Hut**. Halten Sie Ausschau nach Situationen, in denen Sie für Ausbeutung anfällig sein könnten. Achten Sie auf ungewöhnliches Verhalten oder auffällige Aktivitäten. Glauben Sie nicht alles, was Sie hören.

9. **Machen Sie sich ein vollständiges Bild**. So werden Sie nicht hinters Licht geführt und fallen nicht auf falsche Nachrichten herein. Geben Sie Ihr Bestes, um nach kritischen Fakten, dem Kontext und anderen Perspektiven zu suchen, denn andere Meinungen können Ihnen bei Ihrer Suche nach der Wahrheit behilflich sein.

10. **Suchen Sie ein sicheres, neutrales Umfeld**. Bringen Sie sich nicht in Situationen oder Umgebungen, in denen Sie gefährdet oder im Nachteil sind. Suchen Sie deshalb nach einem Umfeld, das sicher und neutral ist, insbesondere wenn Sie es mit Fremden zu tun haben oder mit Menschen, die Dinge von Ihnen verlangen. Dadurch verringern Sie Ihr Risiko, manipuliert zu werden.

11. **Pflegen Sie Ihr Unterstützungsnetzwerk**. Lassen Sie nicht zu, dass Sie isoliert werden. Bleiben Sie mit Menschen in Kontakt, denen Sie vertrauen können, einschließlich Freunden, Familie und nahestehenden Personen. Sie müssen wissen, dass es jemanden gibt, der Ihnen den Rücken freihält und an den Sie sich wenden können, wenn Sie den Verdacht hegen, dass Sie von jemandem ausgenutzt werden.

12. **Spielen Sie nicht mit**. Ganz genau. Entfernen Sie sich einfach von einer unbequemen Situation oder hören Sie weg, wenn es nötig ist. Es ist wichtig, dass Sie manipulatives Verhalten, sobald Sie es erkennen, nicht weiter befeuern.

13. **Stoppen Sie es**. Machen Sie auf die Manipulation aufmerksam, wenn Sie ihr begegnen. Es gibt keinen Grund, sich von unnötigen Konfrontationen oder Anschuldigungen ablenken zu lassen. Konzentrieren Sie sich stattdessen darauf, deutlich zu machen, dass Sie das Spiel nicht mitspielen werden. Lernen Sie, wie wichtig es ist, zu sagen: *Ich werde das nicht akzeptieren*. Wenn Ihnen etwas vorgeworfen wird mit dem Versuch, Sie zu untergraben oder zu diskreditieren, antworten Sie ruhig: *Das ist nicht der Fall*.

14. **Seien Sie ehrlich**. Es ist nichts falsch daran, ruhig, höflich und entschlossen zu sagen, dass Sie etwas nicht tun wollen. Auch wenn Sie diese Worte nur herausstottern – wenn es das ist, was Sie fühlen, stellen Sie sicher, dass Sie auch gehört werden!

15. **Kompromisse**. Begrüßen Sie diese Idee. Wenn Sie um einen Gefallen gebeten wurden und es Ihnen nichts ausmacht, diesem nachzukommen, es aber einige Aspekte gibt, die Ihnen unbequem erscheinen, dann finden Sie die goldene Mitte. Bleiben Sie jedoch hart in Bezug auf diese unüberschreitbaren Grenzen, die wir vorhin erwähnt haben.

16. **Verstecken Sie Schwachstellen**. Es ist großartig, offen und aufrichtig zu sein und dies mit anderen zu teilen. Aber lassen Sie nicht jeden wissen, dass Sie z. B. sorglos mit Geld umgehen oder eine Schwäche für rührselige Geschichten haben. Wenn Sie das tun, haben Sie einem möglichen Manipulator eine leicht verständliche Anleitung gegeben, wie er Sie ausnutzen kann. Bleiben Sie also klug und vorzeigbar. Es ist eine traurige Tatsache, aber Manipulatoren, insbesondere solche mit psychopathischen Tendenzen, zielen auf Menschen ab, die schwach und niedergeschlagen aussehen.

17. **Probieren Sie etwas Neues aus**. Vielleicht beginnen Sie sich zu fragen, warum Sie eine bestimmte Marke verwenden oder an einem Freitagabend immer mit Ihrem Partner Pizza essen. Vielleicht habe Sie den Ruf, ein Schreibtischhengst zu sein, der immer bis spät arbeitet. Bringen Sie etwas Abwechslung rein, sonst stellen Sie vielleicht fest, dass Sie Dinge tun, ohne sie wirklich tun zu wollen.

18. **Lösen Sie sich von Bindungen**. Manchmal ist Loslassen der einzige Ausweg aus einer ungesunden Beziehung, in der Sie dominiert werden. Blicken Sie nicht zurück. Seien Sie sich jedoch bewusst, dass dies nicht unbedingt eine langfristige Lösung ist. Sie müssen sich fragen, warum Sie sich weit genug geöffnet haben, um diese Art von Manipulation überhaupt zuzulassen. Vielleicht verlassen Sie gerade eine schädliche Beziehung, nur um sich einer anderen zu öffnen.

19. **Therapie**. Vielleicht liegt der Grund dafür, dass Sie sich manipulieren lassen, darin, dass etwas in Ihrem Inneren Sie dazu drängt. Ich versuche nicht, anderen Menschen die Schuld abzunehmen oder ihr herrschsüchtiges Verhalten zu entschuldigen. Vielleicht haben Sie ein Problem mit Ih-

rer psychischen Gesundheit, leiden unter einer Persönlichkeitsstörung oder haben Gefühle und Impulse, die Sie sich nicht erklären können. Wenn Sie sich von einem Spezialisten untersuchen lassen, können Sie erkennen, warum Sie bestimmte Entscheidungen treffen. Dies kann der erste Schritt zur Besserung sein. Ebenso können Sie sich damit befassen, wie Sie in sich selbst manipulatorische Züge erkennen. Sind Sie unter bestimmten Umständen derjenige, der die Manipulation ausführt? In diesem Fall müssen Sie sich damit auseinandersetzen, bevor diese Tendenzen außer Kontrolle geraten. Ganz gleich, auf welcher Seite Sie stehen, eine Beratung könnte die perfekte Lösung sein.

20. **Rufen Sie Hilfe.** Damit meine ich die Polizei oder zivile Behörden. Ich habe dies bereits angesprochen: Wenn der Verdacht auf Nötigung, Missbrauch oder illegale Aktivitäten besteht, holen Sie die Behörden hinzu.

Die Kräfte der Manipulation sind nicht unüberwindbar und man kann sie aufhalten. Seien Sie jedoch gewarnt, dass es keine magische, schusssichere Weste gibt, die Sie vor allen bösen Absichten schützen kann. Ich habe schon einmal gesagt, dass Sie sich mit Wissen wappnen sollen. Um es mit den Worten des englischen Philosophen Abraham Tucker aus dem 18. Jahrhundert zu sagen: *Gefahr erkannt, Gefahr gebannt.* Von daher sollten Sie Ihren eigenen Verstand kennen, Ihre eigenen Nachforschungen anstellen und die Wahrheit suchen, bevor Sie jemandem Ihr volles Vertrauen schenken. Seien Sie ehrlich und aufrichtig, nur so können Sie den Stachel der Manipulation herausziehen. Im nächsten Kapitel werden wir uns mit weiteren konstruktiven Wegen befassen, wie wir uns vom Dunkel ins Licht bewegen können.

KAPITEL 8:

Ein Leitfaden zu ethischen Ansätzen

Motivieren oder manipulieren Sie in Ihrem Alltag in Bezug auf Ihre Beziehungen, Freundschaften, soziale Interaktionen und Arbeitspraktiken? Schauen Sie sich selbst in den Spiegel und fragen Sie sich: Beeinflusse ich andere positiv oder negativ?

Egal, für wie „gut" als Mensch Sie sich selbst halten, auf die obigen Fragen gibt es nicht immer fertige und klare Antworten.

Erkennen Sie, wer Sie sind und unterscheiden Sie Recht von Unrecht

Um zu bestimmen, welchen Einfluss Sie auf andere haben – und ob er inspirierend oder ausbeuterisch ist –, müssen Sie zunächst Ihre Handlungen und zwischenmenschlichen Beziehungen genau **identifizieren**. Wenden Sie Methoden der sanften Überredung an oder handelt es sich eigentlich um Zwang? Hoffen Sie darauf, jemanden zu beeinflussen oder auszutricksen, um zu bekommen, was Sie wollen? Verlassen Sie sich auf rationale Debatten und interagieren Sie mit der Verstandesseite eines anderen Menschen, oder versuchen Sie, Menschen zu überreden, indem Sie an ihre Emotionen und Impulse appellieren?

Im Wesentlichen möchte ich wissen, ob Sie bei anderen den freien Willen fördern und versuchen, sie für alle zur Verfügung stehenden Optionen offen zu halten.

Diese Fragen sind nicht schwer zu beantworten. Ich wette, dass Sie, wenn Sie ehrlich zu sich selbst sind, zugeben werden, dass Ihre Herangehensweise sowohl auf Motivation als auch auf Manipulation beruht.

Als Nächstes möchte ich, dass Sie **beurteilen**, ob Ihr Ziel, andere zu beeinflussen, ethisch vertretbar ist. Wahrscheinlich halten Sie sich selbst nicht für böse und sehen eine Menge Unterschiede zwischen Ihnen und all den dunklen Fallstudien, die wir uns in den vorherigen Kapiteln angesehen haben. Nehmen Sie sich jedoch etwas Zeit, bevor Sie antworten. Die einfache Leitlinie, die Sie hier befolgen müssen, lautet: Handeln Sie, um anderen oder um sich selbst zu dienen? Verfolgen Sie eine bestimmte Handlungsweise, um Macht und Kontrolle zu erlangen? Sieht es wie ein Spiel aus, an dem Sie ein gewisses Maß an Vergnügen finden? Es ist vielleicht nicht leicht, Ihre genauen Motive zu beschreiben, aber Sie können schnell erkennen, in welcher Domäne sich diese befinden. Hoffen Sie, Ihren Einfluss zu nutzen, um positive Veränderungen herbeizuführen?

Seien Sie darauf gefasst, dass Sie sich hier in einer Grauzone befinden. Wie ich im Laufe dieses Buches gesagt habe, ist nicht unbedingt alles schwarz oder weiß. Denken Sie zum Beispiel an die Hypnose. Diese Technik – die Manipulation des Geisteszustands und der Vorlieben eines Menschen durch Suggestion – appelliert an das Unterbewusstsein und umgeht gewisse rationale Gedanken. In einigen Fällen wird sie eindeutig zu egoistischen Zwecken eingesetzt. Dies zeigt sich am literarischen Beispiel von *Svengali*, einem ausbeuterischen und kriminellen Mann in George du Mauriers *Trilby*, der eine faszinierende Sichtweise von Verführung und Kontrolle skizziert. In dieser Geschichte hypnotisiert Svengali eine junge Frau und verwandelt sie durch die Kraft der Suggestion in eine erstaunliche Sängerin mit lukrativem Potenzial. Seine Gründe entspringen dem dunklen Wunsch, gegen den Willen der Frau zu herrschen und materielle Anerkennung zu gewinnen. In diesem Fall stellen wir fest und urteilen, dass die Manipulation falsch ist, weil sowohl die Mittel als auch die Motive unethisch sind.

Hypnose wird jedoch häufig als Methode eingesetzt, um Menschen zu helfen, mit dem Rauchen aufzuhören. In diesem Fall ist das Ziel positiv und mit gesundheitlichen Vorteilen verbunden, daher kann es als bewusster Versuch identifiziert werden, vorkonditioniertes Denken zu unterbinden. Mit anderen Worten, Manipulation hilft, das Verhaltensmuster zu ändern, das die süchtige Psyche als Grund und Rechtfertigung für die Handlung sieht. Die Methoden, die ich beobachtet habe, versuchen, den freien Willen zu untergraben und bestimmte Wahlmöglichkeiten einzuschränken, aber eine weitere Auswertung wird sicherlich nahelegen, dass die Ziele auch edler Natur sein können.

In Kapitel 1 haben wir untersucht, ob gute Absichten unmoralisches Handeln rechtfertigen können. Ich war damals nicht bereit, eine Antwort zu geben und bin es auch jetzt nicht. Im Gegensatz zu Kant bin ich der festen Überzeugung, dass Sie Ihre eigene Antwort auf diese Frage finden müssen.

Wenn Sie den Verdacht haben, dass Ihr Handeln auf Kosten anderer geht, sollten Sie vielleicht in Erwägung ziehen, professionelle Hilfe in Anspruch zu nehmen, wie im vorigen Kapitel besprochen. Vielleicht möchten Sie sich einem Online-Test unterziehen, mit dem Sie Ihren Grad an Aufdringlichkeit einschätzen können. So erfahren Sie, ob Sie ein tatsächliches Risiko für andere darstellen oder ob es sich lediglich um eine Tendenz handelt, die Sie selbst überwachen müssen, sodass ein ausgewogenes und glückliches Umfeld um Sie herum gewährleistet ist.

Das Licht in der Dunkelheit: Ein neues moralisches Verständnis

In seinem bahnbrechenden Werk *Nikomachische Ethik* trat der Philosoph Aristoteles für die Bedeutung eines Lebens in Übereinstimmung mit positiven Werten ein. Sein Denken in Bezug auf Tugend und Rechtschaffenheit wird seit über 2500 Jahren geachtet. Ein Sinn für ethisches Verständnis, so behauptet er, kann helfen, einen Menschen durch die Extreme des Alltagslebens zu führen, in welchen häufig moralische Entscheidungen getroffen werden müssen. Für ihn sollten **Ehrlichkeit und Integrität** unsere Leitworte sein. Bei der Identifizierung und Bewertung Ihres

Verhaltens sind diese Prinzipien die Laternen, die Ihnen den Weg weisen, wenn Sie einem ethischen Ansatz folgen wollen.

Was bedeutet das praktisch und was bedeutet Integrität in unserer modernen Welt? Um eine ethische Verwendung Ihrer Überzeugungskraft und Ihrer Fähigkeit, andere zu beeinflussen, leichter zu erreichen, müssen Sie vielleicht ganz neu darüber nachdenken, wie Sie Ihren Lebenszweck und Ihre Lebensziele setzen. Damit meine ich, dass wir anfangen müssen, mehr über **UNS** nachzudenken als über **MICH**. Die kollektive Verarbeitung einer Situation und die Übernahme eines Gefühls der gemeinschaftlichen Verantwortung sind wichtig, um diesen Punkt zu verdeutlichen. Denken Sie an die größere Wirkung einer Handlung und an die maximale Anzahl von Menschen, die davon profitieren können. Nehmen wir zum Beispiel an, dass Sie regelmäßig mit Ihrem Kollegen zur Arbeit fahren und Sie wissen, dass zwei andere Kollegen ebenfalls Transportschwierigkeiten haben. Ihr Wohnort liegt nicht auf dem Weg zu Ihrem Büro und wenn Sie sie abholen, verlängert sich Ihre Anfahrt. In diesem Fall ist es für Ihre Kollegen und den Planeten Erde insgesamt am besten, wenn Sie Ihren Kollegen davon überzeugen, diesen Umweg auf sich zu nehmen.

Im südlichen Afrika gibt es eine philosophische Strömung, die sich seit dem 18. Jahrhundert entwickelt und im letzten halben Jahrhundert während der Übergangszeiten zwischen Kolonisierung und Apartheid eine starke Stimme gewonnen hat – mit bedeutenden Anhängern wie dem Menschenrechtsaktivisten Erzbischof Desmond Tutu. Er ist bekannt als *Ubuntu*, was auf Zulu „Menschlichkeit" bedeutet. Im Wesentlichen verkörpert es die Idee der Einigkeit: ***Ich bin, weil wir sind***. Daher liegt der Schwerpunkt auf einer gemeinsamen Methodik, um weltweite Harmonie zu erreichen.

Daher müsste man annehmen, dass ein ethischer Standpunkt in unserer Interaktion mit anderen gewonnen werden kann, wenn wir anfangen, darüber nachzudenken, wie wir alle gemeinsam profitieren. Mit dieser Herangehensweise ist es an der Zeit, einen globalen Ansatz zu verfolgen und dabei über uns hinauszudenken.

Der britische Philosoph und Ökonom John Stuart Mill sah im 19. Jahrhundert jedoch einige Mängel an dieser Idee. Sein Argument bestand darin, dass es unmöglich sei – und daher vergebens –, zu versuchen, die Lasten der ganzen Welt auf sich zu nehmen. Über jedes einzelne *Individuum* nachzudenken kann seiner Komplexität nicht gerecht werden und manche würden argumentieren, dass völliger Altruismus ohnehin nicht möglich ist. Mill argumentierte ferner, dass es weitaus besser wäre, sich der Übel der kleineren Gemeinschaft um sich herum anzunehmen: darüber nachzudenken, was dem Team, der Nachbarschaft, dem Freundeskreis oder der Familie nützt.

Aber wie können wir unseren Blickwinkel so radikal verändern? Es wurde angedeutet, dass positive Veränderungen nur möglich sind, wenn wir das anwenden, was als die **Goldene Regel** bekannt geworden ist. Diese Denkweise läuft darauf hinaus, ***andere so zu behandeln, wie man selbst gerne behandelt werden möchte***. Es ist kein allgemein anerkannter Ansatz, schon gar nicht in der Geschäftswelt. Trotzdem existiert er als normatives Konzept seit Anbeginn der Zivilisation, auch wenn er in der Geschichte des Imperialismus nur selten erwähnt wird.

Hinweise auf diese Philosophie finden sich in unseren frühesten Schriften, unter anderem auf den Papyrus-Überresten einer der ältesten überlieferten fiktiven Geschichten, *Die Eloquenten Bauern*, die bis ins alte Ägypten vor über 4000 Jahren zurückreicht. Das Sanskrit-Epos *Mahabharata*, das vor mehr als 2000 Jahren verfasst wurde, fasst die Idee kurz und bündig als den perfekten Ratschlag zusammen, den man einem König geben kann. Nur wenig später, im alten Rom, stellte der renommierte Dramatiker und Philosoph Seneca die Ideen der Sklaverei moralisch in Frage, indem er behauptete: Behandle deinen Untergebenen so, wie du von deinem Vorgesetzten behandelt werden wollen würdest. Philosophische Bewegungen wie Konfuzianismus, Zoroastrismus und humanistisches Gedankengut sowie verschiedene religiöse Schriften – Judentum, Christentum, Buddhismus, Hinduismus, Islam und Sikhismus – vertreten die Idee der Gegenseitigkeit. Es handelt sich um eine Denkschule, die uns am Herzen liegen sollte, wenn wir hoffen, ethische Ansätze im Leben praktizieren zu können.

Ist jetzt der Augenblick, um zu motivieren?

In diesem Sinne möchte ich Ihnen eine kurze Fünf-Punkte-Checkliste geben, die Sie sich merken sollten, wenn Sie hoffen, im Leben einen ethischen Ansatz zu verfolgen und dabei für das Wohl anderer wie auch für sich selbst zu arbeiten. Sie wird Ihnen helfen, zu erkennen und zu beurteilen, wann Sie Ihren Einfluss deutlicher geltend machen sollten.

1. Wenn Sie versuchen, zu motivieren, zu ermutigen, zu beeinflussen oder zu überzeugen, fragen Sie sich: Würde ich diesen Rat oder dieses Produkt **selbst wollen**? Versetzen Sie sich in die Lage der anderen Person.

2. Gehen Sie einen Schritt weiter und seien Sie ehrlich: Wird das, was Sie jetzt sagen oder tun, den Menschen helfen? Wird das, was Sie anbieten, ihr Leben in kleiner oder großer Weise **verbessern**?

3. Wenn Sie objektiv unsicher sind, klären Sie die folgende Frage: *Glaube ich an das, was ich sage?* Machiavellisten mögen etwas vielleicht nicht, aber sie werden wahrscheinlich trotzdem das Gegenteil behaupten. Wenn Sie darauf abzielen, stets einen ethischen Ansatz zu verfolgen, dann unterstützen Sie nicht öffentlich etwas, das Sie insgeheim ablehnen.

4. Holen Sie sich vielleicht eine **zweite, objektive Meinung** ein. Wenn Sie Ihrem Kollegen oder Ihrer Kollegin einen Rat geben wollen, wie er oder sie einen missbrauchenden Partner meiden kann, können Sie die nüchternen Fakten zunächst einer Person Ihres Vertrauens darlegen, um zu sehen, was diese denkt.

5. Wenn Sie überzeugt sind, dass Sie **ein Bedürfnis stillen**, dann machen Sie weiter.

Nach der Präsentation dieser Grundlagen ist es jetzt an der Zeit, darüber zu sprechen, wie man in einer manipulativen Welt zurechtkommt.

In Ihren Händen: Die Gabe des positiven Prompting

Selbsthilfebücher, die das Versprechen von erfüllenden Beziehungen und geschäftlichem Ruhm bieten, sind überall zu finden. Sie geben Ihnen Tipps, was Sie tun müssen, um den Fisch an Land zu ziehen, zu brillieren und voranzukommen. Hier möchte ich einen praktischen Leitfaden vorschlagen, wie man auf ethische Weise erfolgreich sein kann, wenn man versucht, die Denkweise oder das Handeln anderer Menschen zu beeinflussen.

Ich bezeichne die Macht, die Sie dabei ausüben können, gerne als *Prompting* oder *Auffordern*. So unterscheiden wir sie von den negativen Konnotationen der Manipulation. Im Wesentlichen fördert diese Macht den freien Willen. Die preisgekrönten Ökonomen Sunstein und Thaler diskutierten dies 2009 in ihrer Forschung über ethische „Anstöße". Es geht darum, jemanden erst dann zu ermutigen, sich für etwas zu entscheiden, wenn er die Optionen kennt. Auf diese Weise stimmt die Person zu und Sie haben Ihre Ziele erreicht, indem Sie positive Veränderungen herbeiführen.

Mein Ziel ist es, Sie verantwortungsbewusst mit den wirksamsten zwischenmenschlichen Werkzeugen auszustatten, damit Sie andere jederzeit ermutigen und motivieren können. So können Sie lernen, Überzeugungsarbeit für das Gute zu leisten:

- Weigern Sie sich, schlechtes, unsoziales Verhalten zu unterstützen, bei sich selbst wie auch bei anderen. **Selbstbeherrschung** ist der Schlüssel. Es ist entscheidend, dass

Sie Ihre eigenen Gefühle beherrschen und emotionale Intelligenz zeigen. Diese Idee bezieht sich auf die aristotelische Theorie, die wir vorhin diskutiert haben: Dominieren Sie Ihre Persönlichkeit, statt sich von ihr dominieren zu lassen, bringen Sie das Selbst ins Gleichgewicht und vermeiden Sie übermäßige Begierden und Emotionen wie Wut. Strengen Sie sich an, ein guter Mensch zu sein. Aus selbstsüchtigen Gründen manipulativ zu werden nimmt genauso viel Energie in Anspruch (denken Sie an all diese Täuschungsmanöver).

- Halten Sie Ihr Team intakt. Umgeben Sie sich, insbesondere am Arbeitsplatz, zu Hause und im sozialen Umfeld, mit nicht-triadischen Persönlichkeiten. Wenn Sie einen ethischen Ansatz praktizieren wollen, werden die dunklen Impulse anderer Menschen Ihre Bemühungen sabotieren. Vermeiden Sie **Toxizität**.

- **Entziehen Sie Problemen den Nährboden**. Führen Sie daher eine ehrliche Bewertung Ihres Umfeldes durch: Mit wem können Sie nur schlecht arbeiten und in wessen Nähe fühlen Sie sich nicht gut? Warum? Weist jemand Merkmale der Dunklen Triade auf? Wenn ja, gehen Sie auf diese Person zu, wenn sie gut gelaunt und am zugänglichsten ist. Beobachten Sie ihre Körpersprache: Sind ihre Hände gekreuzt und vermeidet sie Blickkontakt? Wenn ja, könnte dies darauf hindeuten, dass sie nicht empfänglich ist. Wenn sich Ihre Blicke kreuzen und sich Emotionen auf dem Gesicht der Person zeigen, ist sie vielleicht eher bereit zuzuhören. Decken Sie Lügen auf und lassen Sie sich nicht von manipulativen Techniken beeinflussen. Setzen Sie Ihre eigenen Überzeugungs- und Motivationskünste ein, um ihr zu zeigen, dass ihr Verhalten energieraubend ist. Geben Sie präzise Beispiele und helfen Sie ihr, Auslöser und Lösungsansätze zu finden. Machen Sie deutlich, dass sie ihr Verhalten innerhalb eines realistischen Zeitrahmens ändern muss.

- Seien Sie **geduldig**, aber auch wachsam, denn nicht alles, was Sie wollen, muss kurzfristig Früchte tragen. Denken Sie daran, Fristen zu setzen, um neue Ansätze auszuprobieren, oder die Verbindung zu jemandem abzubrechen, wenn Versprechen und Verpflichtungen nicht eingehalten wurden.

- Seien Sie entschlossen, aber niemals aufdringlich. Lernen Sie daher, **durchsetzungsfähig** zu sein, **ohne wütend oder aggressiv** zu werden. Sie müssen stark, aber fair sein. Bleiben Sie ruhig und stehen Sie für sich ein. Wenn Sie sich in einer Situation unsicher fühlen, gehen Sie.

- **Nehmen Sie Rücksicht auf die Gefühle von anderen**. Es geht nicht darum, jemanden herabzusetzen oder Ihre überlegene Lebenseinstellung zu präsentieren – achten Sie darauf, eine unbeschwerte und nicht urteilende Haltung einzunehmen. Niemand wird auf jemanden hören, der ihm schlecht ins Gewissen redet.

- Wenn Ihre Bemühungen ethisch vertretbar sind, ist es wahrscheinlich, dass Sie eine gewisse **Belohnung** für die andere Person sehen. Achten Sie also darauf, dass Sie dies zum Ausdruck bringen. Ich würde raten, das Positive hervorzuheben. Fokussieren Sie sich zum Beispiel eher auf die Erfolgsquote als auf die Anzahl von Fehlversuchen. Konzentrieren Sie sich auf das allgemeine Wohl und weisen Sie auf die Nachteile des Unterlassens hin. Diese Taktik ist als Konsequenz-Ethik bekannt. Sie machen keine Drohungen oder falsche Versprechungen, sondern Sie legen die Fakten der Situation dar, um eine positive „Wir schaffen das"-Einstellung zu fördern.

- **Konzentrieren Sie sich auf das, woran Sie glauben**, und arbeiten Sie hart daran, dies zu fördern. Machen Sie Ihre Botschaft und Vision – das, was Sie anbieten – bedeutsam. Sie sollte ansprechend sein und Harmonie, Nutzen und Ausgewogenheit bieten. Sie müssen es tatsächlich als eine Chance sehen.

- Die Menschen, die Sie positiv auffordern, sollten neugierig sein, mehr zu erfahren. **Wecken** Sie das Gefühl einer Reise des gemeinsamen Lernens in Bezug auf das, was Sie vorschlagen.

- In unseren Interaktionen mit anderen ist es von entscheidender Bedeutung, dass wir **Vertrauen** gewinnen und aufbauen. Bleiben Sie Ihrem Wort treu, denn Ihre Erfahrung, Ihr Verhalten und Ihr Wissen sollten die Menschen dazu inspirieren, sich an Sie zu wenden. Wenn Sie sich mit Menschen umgeben, denen Sie vertrauen, und umgekehrt, fördert das einen immer größeren Kreis von Loyalität. Missbrauchen Sie dieses Vertrauen nie! Wenn Sie einmal dabei erwischt werden, wie Sie eine Lüge erzählen oder ein Versprechen nicht einhalten, verlieren Sie unabhängig von Ihrer Rolle sowohl Ihre Glaubwürdigkeit als auch Ihren Einfluss.

- Üben Sie im gesamten Umgang mit anderen Menschen **Respekt und Einfühlungsvermögen**. Folgen Sie dem kantischen Prinzip, dass Menschen keine Dinge oder Schachfiguren sind, sondern dass sie ein Zweck in sich selbst sind und legitime und geltende Meinungen haben. Denken Sie daran, dass der Umgang mit ihnen ein Dialog und kein Selbstgespräch ist. Hören Sie also zu und halten Sie Augenkontakt. Wie ich bereits erwähnt habe, muss die Person, die Sie positiv auffordern wollen, Teil der Entscheidung sein und diese letztendlich allein treffen. Alle Optionen müssen abgewogen werden. Sie sind ein Trainer, kein Diktator, Sie sollten unabhängiges Denken und Autonomie fördern.

- **Starke verbale Kommunikationsfähigkeiten** sind ein Muss. Sprechen Sie klar, ruhig und langsam und drücken Sie sich in einer zugänglichen Sprache aus. Das war eine Qualität, die den Manipulatoren in den Fallstudien, die wir untersuchten, fehlte. Möglicherweise müssen Sie mehr lesen und gleichzeitig Ihr Wissen und Ihren Wortschatz erweitern. Vielleicht möchten Sie auch selbst vor einem Spiegel – oder einem Videorekorder – üben, während Sie Ihre Körpersprache und Stimme studieren. Auf diese Weise können Sie sicherstellen, dass Sie nicht durch wilde Gestikulationen ablenken. Vermeiden Sie ein monotones Gemurmel, das kann sehr uninspirierend wirken.

- Halten Sie sich und Ihre Umgebung sauber und ordentlich. Das ist entscheidend, um sich selbst **zugänglich** zu machen. Sie können zum Beispiel versuchen, Farben zu tragen, die Ihren Ausdruck hervorheben. Streben Sie immer danach, präsentabel zu sein und angenehm zu riechen.

- Seien Sie positiv, fröhlich und selbstbewusst und vermeiden Sie gleichzeitig Negativität. Erinnern Sie sich, was ich über Steve Jobs' **Optimismus** gesagt habe? Nutzen Sie ihn an dieser Stelle, um andere auf ethische Weise zu inspirieren.

- Kontinuierliche **positive Bestärkung**, Bekräftigung und Ermutigung sind ratsam, aber sie müssen dennoch aufrichtig, ausgewogen und konsequent sein.

- Denken Sie daran, **offen und transparent, aber auch ehrlich und fair zu sein.** Wenn Sie versuchen, einen Partner dazu zu bringen, eine ungesunde Gewohnheit abzulegen; wenn Sie einen Freund um einen Gefallen bitten; wenn Sie einen Kollegen motivieren wollen, die Produktivität zu maximieren – dann erklären Sie ihm mit Takt und Integrität, warum Sie ihn auf eine bestimmte Art und Weise anzuspornen versuchen. Sie sollten in der Lage sein, wahrheitsgemäß zu sagen: *Ich tue das für dich.* Alternativ können Sie sagen: *Ich tue das für uns alle.* Sie wissen, dass Sie sich im unsicheren Bereich befinden, wenn *Ich tue das für mich* das Einzige ist, was Sie zu sagen haben. Wenn das der Fall ist, dann ist bei Ihren Bemühungen etwas schief gelaufen.

Paradebeispiele – Wählen Sie eine Geisteshaltung

Im Jahr 2013 führten Auvinen et al. vom Fachbereich Psychologie der Universität Jyväskylä in Finnland wichtige Forschungsarbeiten darüber durch, wie Führungskräfte dunkle Kontrolltechniken vermeiden können. Sie untersuchten, wie harte oder problematische Botschaften durch weiche Methoden wie Geschichtenerzählen und kollegiale, teambasierte Interaktionen gemildert werden können.

Im Mittelpunkt ihrer Ergebnisse stand der CEO, der seine Kollegen regelmäßig mit Anekdoten motivierte. In einer schwierigen Phase der Produktentwicklung erzählte er ihnen die (fiktive) Geschichte einer Autofabrik in den frühen Tagen der Automobilindustrie. Die Fabrik war voll von verschiedenen experimentellen Studien, die auf verschiedenen Antriebstechnologien basierten, von der Pferdekutsche bis zur Pedalkraft. Die Fabrik brannte ab und es blieb nur ein Prototyp übrig, daher mussten die Arbeiter dieses Auto entwickeln. Zufälligerweise war dieser Prototyp das Benzinmodell, und ihre Erfindung führte zu einem weltweiten Erfolg.

Die humorvolle Erzählung des CEO hatte die Funktion, sein Team zur Neuausrichtung zu bewegen. Für diejenigen, die aufmerksam genug zuhörten, war die Botschaft klar: Vergessen Sie die Ausreden und machen Sie sich an die Arbeit, die Grundlagen eines hervorragenden Prototyps zu entwickeln, der die Welt erobern wird. Er hätte seinen Standpunkt auch mit anderen Methoden vermitteln können, zum Beispiel mit einer Tirade, die allen Mitarbeitern mit Entlassung drohte. Er entschied sich jedoch für etwas, das ermutigender und herzerwärmender war.

In diesem Sinne möchte ich eine Geschichte über einen jungen Mann erzählen, den ich kenne und den wir C nennen wollen. Ich kannte ihn schon, bevor seine Karriere als Theater- und Filmregisseur begann. Damals, als er anfing, litt er unter einem fast lähmenden Mangel an Selbstvertrauen. Um diesem Problem entgegenzuwirken, brüllte er oft Anweisungen und spielte den harten Kerl. Er verlor die Beherrschung, schrie und dominierte. Um Verbündete zu gewinnen, spielte er die Schauspieler gegeneinander aus und brachte sie dazu, Gerüchte in die Welt zu setzen und sich gegenseitig auszustechen. Er schreckte auch vor Täuschung nicht zurück, vor allem, wenn es darum ging, die Aussichten der Show zu erhöhen und Talentscouts anzulocken.

Man braucht nicht extra zu erwähnen, dass er durch sein Verhalten nur sehr wenige Freunde gewann. Die Theaterkultur war ziemlich toxisch und seinen Produktionen fehlte immer der nötige Funke, um sie auf ein höheres Niveau zu bringen. Er kam zu mir und bat mich um Rat – und ich gab ihm folgenden: Basierend auf den Geheimnissen, die ich in Sitzungssälen rund um den Globus gelernt hatte, brachte ich ihm die Vorteile einer ethischen Führung bei.

Ja klar, sagte er. *Kuriose Ideen. In der echten Welt funktionieren die nicht.*

Ich drängte ihn, auf die Stimme der Erfahrung zu hören und dem Beweis für den Erfolg anderer Menschen zu vertrauen. *Versuch es*, riet ich ihm.

Kurz danach bekam er seine Chance. Er inszenierte ein experimentelles Shakespeare-Stück in einem winzigen Theater am Ende der Welt. Die Proben waren gut verlaufen und er hatte die Ruhe bewahrt, eher inspiriert und sachte angestoßen als genötigt. Während dieser Zeit hatte er sich Vertrauen erarbeitet und die Ergebnisse trugen auf der Bühne einige bescheidene Früchte. *Die Show könnte wirklich wie ein Blitz einschlagen*, dachte C. Dann kam der erste Aufführungsabend und draußen gewitterte es gewaltig. Innerhalb weniger Minuten, nachdem der Vorhang hochgezogen wurde, waren nur noch zwei Personen im Zuschauerraum.

Verzweifelt weigerten sich die Schauspieler, auf die Bühne zu gehen. Es sei erniedrigend, sagten sie. Außerdem wies der Bühnenmeister darauf hin, dass die Aufführung nach den Regeln der Arbeitervereinigungen und der Gewerkschaften nicht stattfinden könne, wenn das Publikum in der Unterzahl sei.

C setzte sich mit seinen Schauspielern in einem Kreis auf den Boden der Garderobe. *Ich will ehrlich mit euch sein*, sagte er klar und langsam, wobei er ihnen einen nach dem anderen in die Augen sah. *Ich möchte, dass ihr diese Aufführung heute Abend durchführt. Und ich möchte euch davon überzeugen, warum ihr es tun sollt.* Er hatte das Gefühl, wenn sie an diesem Abend nicht auf die Bühne kämen, dann wäre es vorbei, sie würden die Motivation und den Antrieb verlieren, weiterzumachen und nach Entschuldigungen suchen, um abzusagen.

Zuerst hörte er sich geduldig an, was die Schauspieler zu sagen hatten und nahm jede Kritik, die sie über schlechtes Marketing vorbrachten und wie sie sich im Stich gelassen fühlten, ernst auf. Er ging auf ihre Beschwerden ruhig und konstruktiv ein und führte sie durch die Gründe, warum sie seiner Meinung nach auftreten sollten. Er schilderte die harte Arbeit, die jeder einzelne von ihnen geleistet hatte – vom Star bis zur letzten Nebenrolle – und unterhielt sie während der Probe mit amüsanten Anekdoten über verschiedene Missgeschicke und Triumphe. Er gab eine ehrliche, aber positive Bewertung ihrer individuellen Leistungen ab. Er sagte: *Ihr habt so hart gearbeitet, um das Publikum zu begeistern. Werft das nicht alles weg.*

Er erinnerte sie auch daran, dass einige Leute Wind und Regen getrotzt hatten, um sich das Stück anzusehen. Was für ein professioneller Entertainer lässt sein Publikum im Stich, wie klein es auch sein mag? Alles in allem motivierte er sie, nicht aufzugeben. *Ihr seid es diesen zwei Zuschauern da draußen schuldig und ihr seid es euch selbst schuldig.*

Mit einem fast shakespearischen Sinn für Rhetorik, Wiederholungen und mitreißender Kadenz führte C seine Truppe vorwärts, begeisterte und motivierte sie alle. Es war sicherlich Manipulation, aber auf ethische Weise und mit einem bewundernswerten Ziel vor Augen. Man könnte es als auch kompetentes Teammanagement bezeichnen.

Als Epilog zu dieser Geschichte: Die beiden Personen im Publikum standen auf und klatschten. Mehr noch, sie waren Kritiker und ihre Rezensionen waren ekstatisch. Volle Häuser folgten für den Rest der Aufführungen und an diesem Abend wurden mehrere erfolgreiche Karrieren begründet!

Die Sonnenseite des Lebens erreichen

Für mich ist diese Fallstudie kraftvoll, unterhaltsam und eine Erinnerung daran, dass Führung sich verändern, wirklich von Herzen kommen und deshalb erfolgreich sein kann. Das ist es, worüber ich im Verlauf dieses wichtigen Kapitels gesprochen habe, man kann ethische Praktiken auf faire Weise annehmen und gleichzeitig die Dunkelheit meiden, während man dennoch Großes erreicht.

Ich möchte, dass Sie wissen, dass es möglich ist, fair zu gewinnen.

SCHLUSSWORT

Sie sind hier, um dieses Buch zu lesen, um Ihre Neugier zu befriedigen und die quälende Frage besser zu verstehen: Warum gelingt es manchen Menschen, das zu bekommen, was sie wollen?

Sie wurden inspiriert, diese detaillierte Studie über dunkle Psychologie und Manipulation zu lesen, weil Sie sind, wer Sie sind. Im Zentrum Ihrer Gedanken stand das Rätsel: Wie kann auch ich wachsen? Das liegt daran, dass Sie, motiviert durch Ihre Bemühungen um Selbstverbesserung, unermüdlich das Beste für sich selbst suchen, damit Sie an Ihrem Arbeitsplatz, zu Hause und in Ihrem sozialen Umfeld effizienter, aber auch fairer arbeiten können.

Deshalb haben Sie sich an dieses Buch gewendet, das durch meine Erfahrung als Psychologe und Selbsthilfepraktiker entstanden ist.

Inzwischen vertraue ich darauf, dass Sie wissen, dass Sie die richtige Wahl getroffen haben. Ich habe Ihnen zu Beginn dieses Buches versprochen, dass ich Ihnen helfen werde, Ihre Sicht der Dinge zu ändern und Ihnen eine neue, stärkere und sicherere Perspektive anzubieten. Spüren Sie bereits die Vorteile? Auf welch eine Reise haben wir uns gemeinsam begeben und das weitgehend ohne Fachjargon! Ich habe mein Bestes versucht, die Erklärungen in diesem Buch in einfachen Worten wiederzugeben und nicht mit verwirrenden, psychologischen Fachbegriffen um mich zu werfen, sodass Ihnen der Lesefluss leichter fällt.

Wenn man Ihnen über die Schulter blickt und sieht, was Sie gerade lesen, werden die Leute vielleicht die Nase rümpfen. Vielleicht denken sie, dass dies ein unangenehmes Thema und ganz sicher nichts für schwache Nerven ist. *Warum beschäftigen Sie sich damit?* werden die Leute vielleicht fragen. *Solche Sachen sind unheimlich.*

Das sind sie sicherlich, aber das ist keine Entschuldigung dafür, davor zurückzuschrecken. Nur durch Erkundung können wir die Werkzeuge entdecken, die wir zum Überleben und Gedeihen brauchen. Dramatiker, Philosophen und Spiritualisten fragen sich seit Jahrtausenden: Was definiert das menschliche Übel? Es ist die Aufgabe von Psychologen wie mir, jeden wissen zu lassen, dass es keinen Wert hat, böse Menschen als Cartoon-Schurken darzustellen und sich dann hinter dem Sofa vor ihnen zu verstecken. Die Folgefrage sollte immer lauten: *Wie kann dem Bösen entgegengetreten werden?* Wenn wir die Dunkelheit – böse Gedanken, Gefühle und Neigungen – zu verstehen versuchen anstatt wegschauen, können wir alles bekämpfen, was unsere Gesellschaft zu zerstören sucht.

Sicherlich sind die Forschungen von Paulhus, die sich mit Tendenzen zu dunklem Verhalten und mit der Frage befassen, warum einige Autoritätspersonen ihre Position missbrauchen könnten, von zivilen und militärischen Behörden mit großem Erfolg genutzt worden. Seine Studien über dunkle Psychologie haben dazu beigetragen, bereits in der Rekrutierungsphase bestimmte Personen zu identifizieren, die prädisponiert sind, sich Arbeitsplätze zu suchen, bei der sie die Kontrolle über verletzliche Personen haben und versuchen, diese auszunutzen.

In ähnlicher Weise lieferten Zettlers Erkenntnisse über den D-Faktor eine Orientierung, wie wir der gewalttätigen Triade von dunklem Verhalten begegnen könnten. Menschen mit einem hohen D-Faktor operieren im Verdeckten, obwohl sie faktisch gut sichtbar sind. Es handelt sich um immer noch funktionierende Individuen innerhalb der Gesellschaft und der D-Faktor kann uns helfen, zu erkennen, wer von ihnen versucht sein könnte, Verbrechen zu begehen, bevor es zu spät ist.

Es steht außer Frage, dass wir durch rigorose Forschung Innovationen im psychologischen Verständnis fördern können, die uns dabei unterstützen, schädliches und rücksichtsloses Verhalten zu unterbinden. Das kann nur ein positiver Schritt sein, meinen Sie nicht auch?

Ich bin sicher, dass Sie das auch so sehen. Schließlich haben Sie mutig in den Abgrund geblickt und keine Angst davor gehabt, das zu hören, was gesagt werden muss.

Gemeinsam haben wir die menschliche Natur und ihre dunklen Abgründe erforscht. Wir haben das Konzept der dunklen Persönlichkeiten diskutiert und eine Reihe von Fallstudien betrachtet, in denen wir uns über die Unterschiede zwischen richtig und falsch ausgetauscht haben. Wir haben erkannt, dass Manipulation überall stattfindet – in den Büchern, die wir lesen, in den Fernsehsendungen, die wir sehen, und in den Gräueln, die wir in den Nachrichten hören. Inzwischen sollten Sie über die Informationen verfügen, die Sie benötigen, um sich vorzubereiten und zu schützen.

Möglicherweise haben Sie festgestellt, dass Sie mit Manipulatoren in Kontakt sind. Wenn das der Fall ist, habe ich Ihnen jetzt die Werkzeuge an die Hand gegeben, um deren Techniken zu identifizieren und zu überwinden.

Vielleicht sind Sie durch die Lektüre dieses Buches dazu gekommen, dunkle Züge in Ihrer eigenen Persönlichkeit zu erkennen, was großartig ist. Jetzt sind Sie auch in der Lage, sich mit diesen Eigenschaften auseinanderzusetzen und die Hilfe zu suchen, die Sie brauchen, um Ihre Impulse in etwas Positives zu verwandeln. Ich habe Ihnen dargelegt, dass es in uns allen sowohl Ehrlichkeit als auch Täuschung gibt. Die menschliche Natur ist dermaßen nuanciert und tiefgründig, dass sie Widersprüche aushalten kann. Um den großartigen Dichter Walt Whitman falsch zu zitieren: *Wir sind groß, wir enthalten eine Vielzahl.*

Im Zentrum unseres komplexen Geistes steht die Idee, dass der freie Wille das Essentielle ist. Das bedeutet, dass Sie selbst entscheiden können, wie und ob Sie sich ethisch verhalten wollen, unabhängig von den Einflüssen oder dem Zwang anderer Menschen.

Es ist machbar, wenn man sich genug Mühe gibt. Mit faktenbasierten Beispielen und Augenmaß habe ich Ihnen das Wissen vermittelt, das Sie brauchen, um aus der Dunkelheit zu steigen. Es liegt jetzt an Ihnen zu entscheiden, wie Sie diese Macht nutzen wollen.

Vielleicht blicken Sie auf unsere egozentrischen politischen Führer, Prominenten und CEOs und sehnen sich nach etwas anderem – nach einer Möglichkeit, anders zu sein. Vielleicht haben Sie es satt, dass Fehlverhalten und Bosheit belohnt werden. Dieses Buch hat Sie gelehrt, dass das Böse nicht immer auf Kosten des Guten gedeiht.

Man kann nicht nur die dunkle Kunst der ausbeuterischen Manipulation vermeiden, sondern stattdessen einen ethischen Ansatz zur Beeinflussung anderer verfolgen – und das ist die gute Nachricht. Es gibt diejenigen, die andere ausbeuten, und es gibt diejenigen, die fairer, selbstbewusster und objektiver sind und wirklich dem größeren Ganzen helfen wollen. Diese Anstoßer, Aufforderer, Prompter, wie ich sie nenne, sind sich bewusst, wie sowohl Massen- als auch Mikromanipulation funktioniert. Sie sind jedoch zu klug, um in diese Falle zu tappen und zu moralisch gefestigt, um diese Techniken selbst zum persönlichen Gewinn zu nutzen. Sie ermutigen uns alle, von dem, was ist, zu dem zu gelangen, was sein könnte.

Auf diese Weise vermeiden wir die dunklen Schatten und genießen das Licht. Wir alle können das tun, wenn wir es nur wollen.

Ich danke Ihnen, dass Sie mir gestattet haben, diese Gedanken mit Ihnen zu teilen. Was ich Ihnen mit diesem Buch besonders mit auf den Weg geben möchte, ist die Tatsache, dass Sie die Gestaltung Ihres eigenen Erfolges erschaffen und formen können. Das ist möglich, da Ihre Denkweise von Ihnen selbst geformt wird. Gehen Sie also strahlend in die Nacht hinein, leuchten Sie hell und dauerhaft und Ihr Einfluss auf andere wird tiefgreifend sein.

VERWEISE

Abrams, J.J. (2019). The Rise of Skywalker. [Film]. Disney.

Adam, D. (2019). Does a dark triad of personality traits make you more successful? Science. https://www.sciencemag.org/news/2019/03/does-dark-triad-personality-traits-make-you-more-successful

Allers, R. & Minkoff, R. (1994). The Lion King. [Film]. Disney.

Arabi, S. (2019). Recovering from a narcissist. Psychcentral. https://blogs.psychcentral.com/recovering-narcissist/2019/10/5-terrifying-ways-narcissists-and-psychopaths-manufacture-chaos-provoke-and-manipulate-you/

Arabi, S. (2016) The love story of a narcissist and his victim. Thought Catalog. https://thoughtcatalog.com/shahida-arabi/2016/05/the-love-story-of-a-narcissist-and-his-victim/

Arabi, S. (2019). 20 diversion tactics highly manipulative narcissists, sociopaths and psychopaths use to silence you. Thought Catalog. https://thoughtcatalog.com/shahida-arabi/2016/06/20-diversion-tactics-highly-manipulative-narcissists-sociopaths-and-psychopaths-use-to-silence-you/

Aristotle. (1943). The Nicomachean Ethics (H. Rackham, trans.). Basil Blackwell & Mott. (Originalarbeit verfasst 340 v. Chr.).

Auvinen, T., Lämsä, A. M., Sintonen, T., & Takala, T. (2013). Leadership manipulation and ethics in storytelling. Journal of Business Ethics. https://www.researchgate.net/publication/257541869_Leadership_Manipulation_and_Ethics_in_Storytelling/citation/download

Bacon, F. (2012) Meditationes sacrae. In Wikisource. https://en.wikisource.org/wiki/Meditationes_sacrae

Bariso, J. (2016). 10 ways manipulators use emotional intelligence for evil (and how to fight back). Inc. https://www.inc.com/justin-bariso/10-ways-manipulators-use-emotional-intelligence-for-evil-and-how-to-fight-back.html

Brenner, A. (2016). 9 classic traits of manipulative people. Psychology Today. https://www.psychologytoday.com/us/blog/influx/201610/9-classic-traits-manipulative-people

Brown, F. (2019) Investigation finds 88% of Tory ads misleading compared to 0% for labour. Metro. https://metro.co.uk/2019/12/10/investigation-finds-88-tory-ads-misleading-compared-0-labour-11651802/

Brown, L. (2018). 10 disturbing signs of emotional manipulation that people are missing. Ideapod. https://ideapod.com/signs-emotional-manipulation/

Burke, E. (1790). Reflections on the revolution in France. McMaster University Archives. https://socialsciences.mcmaster.ca/econ/ugcm/3ll3/burke/revfrance.pdf

Bussing, K. (2020). 13 signs you're dealing with a psychopath. Reader's Digest. https://www.rd.com/health/conditions/signs-of-a-psychopath/page/2/

Carver, J. (2018). Personality disorders. Mental Health Matters. https://mental-health-matters.com/personality-disorders-controllers-abusers-manipulators-users-relationships/

Chinn, K. A. (2017) Can manipulation be used in a positive way? Go1. https://www.go1.com/blog/post-can-use-manipulation-good

Chivers, T. (2017). How to spot a psychopath. The Daily Telegraph. https://www.telegraph.co.uk/books/non-fiction/spot-psychopath/

Chung, K. (2017). The dark triad. Edinburgh Napier University. https://www.napier.ac.uk/~/media/worktribe/output-1031400/the-dark-triad-examining-judgement-accuracy-the-role-of-vulnerability-and-linguistic.pdf

Coons, C., & Weber, M. (2014). Manipulation: Theory and practice. Oxford Scholarship Online. https://www.oxfordscholarship.com/view/10.1093/acprof:oso/9780199338207.001.0001/acprof-9780199338207

Coughlan, S. (2018). Narcissists 'irritating but successful.' BBC News. https://www.bbc.com/news/education-44601198

Cukor, G. (1944). Gaslight. [Film]. MGM.

Davies, J. (2017). 20 most common manipulation techniques used by predators. Learning Mind. https://www.learning-mind.com/manipulation-techniques/

Demosthenes. Public Quotes. http://publicquotes.com/quote/20328/every-advantage-in-the-past-is-judged-in-the-light-of-the-final-issue.html

Depression Alliance Staff (2018). Famous narcissists. Depression Alliance. https://www.depressionalliance.org/famous-narcissists/

Dick, P. K. (2002). Minority report. Citadel Press Books. https://d3gxp3iknbs7bs.cloudfront.net/attachments/42055afc4cb3e9c1ed90f1da5a9dd42c9754c9ca.pdf

Dockrill, P. (2018). Scientists have identified the driving force behind all your darkest impulses. Science Alert. https://www.sciencealert.com/scientists-identified-driving-force-behind-all-your-darkest-impulses-personality-traits-triad-psychopathy-narcissism-machiavellianism

Dodgson, L. (2017). Here's why CEOs often have the traits of a psychopath. Business Insider. https://www.businessinsider.com/ceos-often-have-psychopathic-traits-2017-7?r=US&IR=T

Dodgson, L. (2018). Narcissists are actually really successful, research finds. Inc. https://www.inc.com/business-insider/narcissists-more-successful-research-psychology.html

Dodgson, L. (2018). The 4 types of people narcissists are attracted to, according to a psychotherapist. Insider. https://www.insider.com/the-types-of-people-narcissists-are-attracted-to-2018-8

Du Maurier, G. (2009). Trilby (E. Showalter, Ed.). Oxford Classics.

Eddy, B. (2018). 3 steps to identifying a narcissist. Psychology Today. https://www.psychologytoday.com/us/blog/5-types-people-who-can-ruin-your-life/201808/3-steps-identifying-narcissist

Elder, L., & Paul, R. (2004). Fallacies: The art of mental trickery and manipulation. The Foundation for Critical Thinking. https://www.criticalthinking.org/files/SAM-Fallacies1.pdf

Ellis, B.E. (1991). American Psycho. Picador.

Enderle, R. (2017). The art of manipulation and misdirection. TechNewsWorld. https://www.technewsworld.com/story/84616.html

Eyal, N. (2012). The art of manipulation. Forbes. https://www.forbes.com/sites/nireyal/2012/07/02/the-art-of-manipulation/#2fa6793d5009

Flippin, W. E., Jr. (2012). Ubuntu: Applying African philosophy in building community. Huffington Post. https://www.huffpost.com/entry/ubuntu-applying-african-p_b_1243904

Garvey, J. & Stangroom, J. (2008). The greatest philosophers. Capella.

Ginsberg, L. & Huddleston, T., Jr. (2019). The psychology of deception. CNBC. https://www.cnbc.com/2019/03/20/hbos-the-inventor-how-elizabeth-holmes-fooled-people-about-theranos.html

Grayling, A. C. (2009). The art of manipulation: When people become mere pawns in a game. The Independent. https://www.independent.co.uk/voices/commentators/a-c-grayling-the-art-of-manipulation-when-people-become-mere-pawns-in-a-game-1820853.html

Hanson, E. Kant, Immanuel: Radical evil. Internet Encyclopedia of Philosophy. https://www.iep.utm.edu/rad-evil/

Hilbig, B. E., Moshagen, M., & Zettler, I. (2018). What is D? D: The Dark Factor of Personality. https://www.darkfactor.org/

Hill, R. (2015). How to manipulate people: Expert manipulation techniques. Psychologium. https://www.psychologium.com/7-ways-to-manipulate-someone-to-do-anything-you-want/

Hirstein, W. (2017). 9 clues you may be dealing with a psychopath. Psychology Today. https://www.psychologytoday.com/us/blog/mindmelding/201706/9-clues-you-may-be-dealing-psychopath

Holland, K. (2018). How to recognize the signs of emotional manipulation and what to do. Healthline. https://www.healthline.com/health/mental-health/emotional-manipulation

How to detect each of the 9 dark personality types recognized by psychologists. (2018). Code. https://www.lifecoach-code.com/2018/09/08/the-9-dark-personality-types-psychologists/

Jacobson, S. (2015). What is Machiavellianism in psychology? Harley Therapy Counselling Blog. https://www.harleytherapy.co.uk/counselling/machiavellianism-psychology.htm

Kane, S. (2018). How to recognize a psychopath. PsychCentral. https://psychcentral.com/lib/how-to-recognize-a-psychopath/

Kingsley, J. Styles of leadership — Do you motivate or manipulate? Jeremy Kingsley. http://jeremykingsley.com/styles-of-leadership-do-you-motivate-or-manipulate/

Kubrick, S. (1980). The Shining. [Film]. The Producer Circle Company.

Lancer, D. (2018) Beware the dark triad. PsychCentral. https://psychcentral.com/lib/beware-of-the-dark-triad/

Le Bon, G. (2018). Psychologie des foules (G.Shinri, Ed). Kuro Savoir.

Lectures 1808-1819 on literature 2: 315. Shakespeare Navigators. https://shakespeare-navigators.com/othello/motiveless.html

Markarian, T. 15 of the most famous psychopaths in history. Reader's Digest. https://www.rd.com/culture/most-famous-psychopaths-in-history/

Machiavelli, N. (1981). The Prince. (G. Bull, Trans.). Penguin Classics.

Manipulation. (2019). Good Therapy. https://www.goodtherapy.org/blog/psychpedia/manipulation

Marlowe, C. (1990). The Jew of Malta (T.W. Craik, Ed.). New Mermaids.

Mcardle, R. (2018). Modern mind control: Public opinion manipulation in our online world. Enigma. https://www.usenix.org/node/208126

Murphy, B., Jr. (2015). 11 psychological tricks to manipulate people, ranked in order of pure evilness. Inc. https://www.inc.com/bill-murphy-jr/evil-psychological-tricks-to-manipulate-people.html

Noggle, R. (2018). The ethics of manipulation. The Stanford Encyclopedia of Philosophy. https://plato.stanford.edu/archives/sum2018/entries/ethics-manipulation

Nuccitelli, M. (2020) iPredator inc. DMCA take down policy. iPredator. https://www.ipredator.co/ipredator-inc-dmca-policy/

Orwell, G. (1987). 1984. Penguin.

Personality traits in victims. (2020). The Sociopathic Style. https://sociopathicstyle.com/personality-traits-in-victims/

Phillips, T. (2019). Joker. [Film]. Warner Bros. & DC Films.

Pinola, M. (2012). Three of the easiest ways to manipulating people into doing what you want. Lifehacker. https://lifehacker.com/three-of-the-easiest-ways-to-manipulate-people-into-doi-5953183

Psychology Behind. (2017). Psychology behind the art of manipulation. Medium. https://medium.com/@PsychBehind/psychology-behind-the-art-of-manipulation-d9e0bdd6d8d3

Rauthmann, J. F. & Kolar, G. P. (2012). How "dark" are the dark triad traits? Examining the perceived darkness of narcissism, Machiavellianism, and psychopathy. Personality and Individual Differences, 53(7), 884-889. https://doi.org/10.1016/j.paid.2012.06.020

Robson, D. (2015). Psychology: the man who studies everyday evil. BBC Future.https://www.bbc.com/future/article/20150130-the-man-who-studies-evil

Sālceanu, C. (2014). Personality factors and resistance to the manipulation of advertising. Science Direct. https://www.sciencedirect.com/science/article/pii/S1877042814022939

Sarkis, S. (2019). Know the "dark triad" to avoid workplace chaos. Forbes. https://www.forbes.com/sites/stephaniesarkis/2019/06/16/know-the-dark-triad-to-prevent-workplace-chaos/#587b7747555f

Seltzer, L. F., (2014). The vampire's bite: Victims of narcissists speak out. Psychology Today. https://www.psychologytoday.com/us/blog/evolution-the-self/201404/the-vampire-s-bite-victims-narcissists-speak-out

Shakespeare, W. (1984) Othello (M. R. Ridley, Ed.). The Arden Shakespeare.

Shakespeare, W. (1986) Hamlet. (H. Jenkins, Ed.). The Arden Shakespeare.

Shortsleeve, C. (2018). How to tell if someone is manipulating you — And what to do about it. Time. https://time.com/5411624/how-to-tell-if-being-manipulated/

Smith, D. (2019). The Steve Jobs guide to manipulating people and getting what you want. Business Insider. https://www.businessinsider.fr/us/steve-jobs-guide-to-getting-what-you-want-2016-10

Stieg, C. (2019). Narcissists are happier, tougher and less stressed, according to science. CNBC. https://www.cnbc.com/2019/10/31/study-narcissists-tend-to-be-happier-tougher-and-less-stressed.html

Stosny, S. (2008). Effects of emotional abuse. Psychology Today. https://www.psychologytoday.com/intl/blog/anger-in-the-age-entitlement/200808/effects-emotional-abuse-it-hurts-when-i-love

The dark triad: Narcissism, Machiavellianism and psychopathy. (2018). Exploring your mind. https://exploringyourmind.com/the-dark-triad-narcissism-machiavellianism-and-psychopathy/

The golden rule. (2020). In Wikipedia. https://en.wikipedia.org/wiki/Golden_Rule

The Mind Tools Content Team. Understanding the dark triad. Mind Tools. https://www.mindtools.com/pages/article/understanding-dark-triad.htm

Thomas, J (2019). The dark triad in the workplace: How to manage difficult personality types. Toggl. https://blog.toggl.com/dark-triad-in-the-workplace/

Throne, I. (2015). Seven terrifying dark triad men from history. Dark Triad Man. https://darktriadman.com/2015/11/19/seven-terrifying-dark-triad-men-history/

Tracy, N. (2012). Effects of emotional abuse on adults. Healthy Place. https://www.healthyplace.com/abuse/emotional-psychological-abuse/effects-of-emotional-abuse-on-adults

Tucker, A. (2013). Are babies born good? Smithsonian Magazine. https://www.smithsonianmag.com/science-nature/are-babies-born-good-165443013/

Tucker, A. & Mildmay, Sir H. P. St. J. (1805) The light of nature pursued. Philosophy, 2. https://books.google.je/books?id=4G0-rAAAAYAAJ&printsec=frontcover#v=onepage&q=f

University of Copenhagen. (2018). Scientists define the 'dark core of personality.' Science Daily. https://www.sciencedaily.com/releases/2018/09/180926110841.htm

Vyasa, (1989). Mahabharata (C. Rajagopslschari, Trans.) Bharatiya Vidya Bhavan.

Weller, C. (2014). What's the difference between a sociopath and a psychopath? (Not much, but one might kill you). Medical Daily. https://www.medicaldaily.com/whats-difference-between-sociopath-and-psychopath-not-much-one-might-kill-you-270694

West, D. (2016). How does Iago manipulate Othello? Studymoose. https://studymoose.com/how-does-iago-manipulate-othello-essay

What is psychological manipulation? (2019). Band Back Together. https://bandbacktogether.com/master-resource-links-2/abuse-resources/psychological-manipulation-resources/

Whitman, W. (1855). Song of Myself. Poets.org. https://poets.org/poem/song-myself-1-i-celebrate-myself

Yarrow, K. (2016). The science of how marketers and politicians manipulate us. Money. http://money.com/money/4511709/marketing-politicians-manipulation-psychology/

Zivaljevic, A. Positive manipulation theory. Mix Prize. https://www.mixprize.org/sites/default/files/media/posts/documents/Positive%20%20Manipulation%20Theory.pdf

BONUSHEFT

Als Beilage zu diesem Buch erhalten Sie ein kostenloses E-Book zum Thema „Hypnose".

In diesem Bonusheft „Hypnose Schnellstart-Anleitung" erhalten Sie eine Einführung in die Welt der Konversationshypnose. Mit diesen Techniken können Sie andere Menschen während eines normalen Alltagsgespräches unbemerkt hypnotisieren.

Sie können das Bonusheft folgendermaßen erhalten:

Öffnen Sie ein Browserfenster auf Ihrem Computer oder Smartphone und geben Sie Folgendes ein:

emorygreen.com/bonusheft

Sie werden dann automatisch auf die Download-Seite geleitet.

Bitte beachten Sie, dass dieses Bonusheft nur für eine begrenzte Zeit zum Download verfügbar ist.

www.ingramcontent.com/pod-product-compliance
Lightning Source LLC
Chambersburg PA
CBHW071350080526
44587CB00017B/3047